교회와 예배 개혁

교회와 예배 개혁

지은이 권영구
초판 발행 2025년 5월 27일
펴낸 곳 기적
등록번호 제390-2023-000032호
주소 경기도 광명시 하안로 60 광명테크노파크 E동 E1015호
전화번호 010-5950-4109
FAX 02) 899-9189
홈페이지 www.cross9191.com / www.52ch.kr
구입문의 010-5950-4109, 02) 2615-0019

ISBN 979-11-987239-6-3 93230
값 15,000 원

저자와의 협약아래 인지는 생략되었습니다.
이 출판물은 저작권법에 의해 보호를 받는 저작물이므로 무단 전재와 복제를 할 수 없습니다.

교회와 예배 개혁

권영구 지음

하나님이 칭찬하시는 교회
하나님이 받으시는 예배

기적

인사말

　교회는 하나님을 경외하고 하나님의 뜻을 이루는 장소이다. 오직 거룩한 하나님을 높이고 경배하고 섬기는 장소이다. 그런데 인본주의가 교회에 들어와 교회를 변질시키고 있다.
　누군가는 교회를 하나님의 뜻에 맞게 돌이켜야 한다. 이것을 개혁이라고 말할 수도 있고, 잘못된 것을 수정하는 것이라고 말할 수도 있다. 아무튼, 하나님께서 원하시는 교회의 모습으로 돌아가기만 하면 된다.
　교회의 본질은 하나님을 예배하는 것이다. 예배는 하나님의 은혜에 감사하여 드리고, 사랑하는 마음으로 드리고, 경외하는 마음으로 드려야 한다. 그래야 하나님 뜻대로 되는 것이다.
　그리고 교회는 기도하는 곳이 되어야 한다. 예수님께서는 (마 21:13) "그들에게 이르시되 기록된바 내 집은 기도하는 집이라 일컬음을 받으리라 하였거늘 너희는 강도의 소굴을 만드는도다 하시니라"라고 말씀하셨다. 그래서 목회자도 기도하고 성도들도 기도하는 장소가 되어야 한다. 이렇게 기도를 많이 하여 성령 세례 받고, 성령 충만하고, 성령의 은사 받고, 성령의 능력을 받아 간증이 넘쳐야 한다. 그러면 교회에 은혜가 충만하고 영들이 살아 있고 일꾼이 많아진다.
　또 교회는 영혼을 구원하는 장소가 되어야 한다. 사람이 많아도 영혼을 구원하지 못하면 아무 소용이 없다. 교회는 전도와 기도와 성경공부를 통해 영혼을 구하는 곳이 되어야 하나님의 뜻을 이루는 것이다.
　그런데 현대교회에 이러한 교회의 본질이 사라지고 있다. 교회에 사람을 모이게 하려고 각종 행사와 잔치를 많이 하고, 일반 교육 과목을 개설해 가르친다. 여러 친교 모임과 노인대학을 운영하면서 유행가를 가르치고, 노래방을 만들어 유행가를 부르게 하고, 운동 모임을 만들어 사람을 많이 모이게 하고 있다.

교회의 직분도 신앙과 성경 말씀을 기준으로 임명하지 않고 있다. 교회생활을 하지 않아도 사회의 높은 직분이 있고 재물이 많은 사람, 친한 사람, 오래된 사람 등을 임명하여 인본주의로 가는 것을 본다. 하나님은 언제나 성령 충만하고 믿음이 충만하고 지혜롭고 칭찬받는 사람을 교회 직분자로 세우라고 하셨다.

인본주의 교회는 하나님의 뜻보다는 사람 중심으로 교회를 운영하고 모이기 때문에 영혼 구원이 잘 이루어지지 않는다. 이런 교회는 다음 세대들이 사라지고 있다.

지금 우리에게는 다시 초대교회의 모습으로 돌아가 성령 충만을 위한 기도 운동이 일어나야 한다. 어린이나 학생이나 청년이나 장년이나 노인이나, 그리고 무식한 사람이나 지식인이나 가난한 자나 부유한 자나 누구라도, 기도하여 성령의 역사를 경험하면 진심으로 하나님을 믿게 되고 영혼 구원을 받는다.

교회의 주인은 하나님이시고 우리는 청지기에 불과하다. 그러므로 주인이신 하나님의 뜻에 맞게 운영되어야 한다. 그러기 위해서라도 지금 현대교회의 잘못된 점을 깨달아 알리고, 바로잡는 교회가 많아야 한다.

나는 예배학을 쓸 정도로 지식이 많은 것도 아니고 역사 속의 예배와 모든 기독교의 예배를 찾아 연구하고 쓸 만한 시간도 없다. 단지 지금 교회에서 드리는 예배를 하나님이 받으시는 예배로 드려야 한다고 생각되어 수정할 것이나 잘못된 것을 고쳐 바르게 예배드리자고 하는 것이다.

개신교의 예배는 기독교인으로서 하나님을 경배하고 찬양하는 매우 중요한 의식 중 하나이다. 정기적으로 혹은 비정기적으로 행해지며, 가정 예배 또는 기도 모임과 같은 특별한 경우가 아니라면 보통 목사나 전도사와 같은 성직자들의 인도 아래 교회에서 시행된다.

그런데 오랜 시간이 지나고 교회가 성장하면서 예배가 조금씩 변질되어 가는 것을 발견한다. 예배를 인도하는 목회자도 변질되어 자신이 대단한 존재인 것처럼 영광을 받으려 하고, 예배 순서에도 하나님을 예배한다고 하면서 사람이 박수와 칭찬과 영광을 받고 있다. 하나님은 온데간데 없다.

시작을 하나님의 이름으로 해 놓으면 하나님이 모두 받으시는 줄로 착각하고 있다. 어떤 교회는 예배드린다고 하면서 교회에서 하지 말아야 할 말과 행동을 하기도 한다. 그것은 예배가 아니라 콘서트장 같았으며, 세상에서 행사하는 곳 같기도 하였다. 예배 순서도 엉망이고, 찬송도 일반 가수들이 부르는 것 같고, 유명한 연예인이 왔을 때 박수 치고 영광 받고 하는 것 같았다.

하나님은 계시지 않고 악령과 그 부하들이 춤추고 난리가 났는데, 진행자는 하나님이 받으신다고 말한다. 더 끔찍한 일은 많은 사람이 이런 것을 그대로 배워 자기 교회에서도 그렇게 해야겠다고 한다는 것이다.

어떤 교회는 '찬양과 경배'라고 예배하면서 전혀 하나님을 경배하지 않는다.

경배하는 것이 아니라 인간의 감정을 터치하여 취하게 한다. 예배 순서자들에게서 거룩함이나 경건함은 없고 노래하는 가수와 음악을 좋아해서 참여한 사람들이 있을 뿐이다. 하나님의 이름으로 시작만 하면 하나님이 모두 받으시는 줄 알고 있다. 그것이 악령이 속이는 것임을 전혀 모르고 있다.

  하나님이 받으시는 예배가 무엇인가를 알아야 한다. 그래서 내가 깨달은 것을 이 책에 기록해 놓았다. 바라기는 많은 사람이 읽고 깨닫는 은혜를 받았으면 한다. 그리고 성령 하나님이 역사해 주셔서 잘못된 것을 고치고 하나님이 받으시는 예배를 드렸으면 한다.

  이것을 누군가 알려 주고 바르게 바꾸었으면 하는데 유튜브를 통해 몇 분만이 외치는 것 같다. 나도 용기를 내어 그분들의 외침에 동참하고자 한다. 이 책이 많은 사람에게 하나님을 바르게 예배하는 것에 유익한 정보가 되었으면 한다.

  나처럼 부족한 사람이 이런 글을 쓰기에는 적당하지 않지만, 그래도 내가 깨달은 은혜는 기록하여 여러 사람과 나누고 싶다.

  이 책이 발간되도록 교정을 보신 박영선 권사와 편집과 출판을 한 권은영 집사와 권은선 집사에게도 감사를 드린다.

2024년 12월 19일
영흥도에서 권영구 목사가

목 차

PART 01 하나님이 칭찬하시는 교회

제1장	교회의 뜻	012
제2장	교회를 세우게 된 이유	014
제3장	신약교회는 예수님이 세우셨다	018
제4장	무형 교회와 유형 교회	020
제5장	교회의 주인은 누구인가?	022
제6장	교회의 본질	028
제7장	교회를 성장시키는 훈련	040
제8장	교회 천국을 만들어라	050
제9장	교회가 변질되지 않도록 하라	054
제10장	하나님이 싫어하시는 현대교회의 모습	058
제11장	하나님이 함께하는 교회와 함께하지 않는 교회	060
제12장	목사를 우상화하지 말라	066
제13장	교회 직분자를 세우는 것	070
제14장	한국교회를 살리는 방법	082

PART 02 하나님이 받으시는 예배

제1장	예배의 정의	088
제2장	변질된 예배	092
제3장	예수님의 제자가 되는 성경 말씀	104
제4장	현대교회의 변질된 예배 내용	112
제5장	하나님께서 받으시는 예배	118
제6장	예배의 변천	122
제7장	신약시대 바른 예배	124
제8장	바른 예배 순서	126
제9장	예배와 은혜	128
제10장	예배의 중요성	132
제11장	여러 사람의 예배 정의	138
제12장	한국교회는 개혁해야 한다	142
제13장	경배와 찬양의 장단점	152

1부

하나님이 칭찬하시는 교회

제1장 교회의 뜻

제2장 교회를 세우게 된 이유

제3장 신약교회는 예수님이 세우셨다

제4장 무형 교회와 유형 교회

제5장 교회의 주인은 누구인가?

제6장 교회의 본질

제7장 교회를 성장시키는 훈련

제8장 교회 천국을 만들어라

제9장 교회가 변질되지 않도록 하라

제10장 하나님이 싫어하시는 현대교회의 모습

제11장 하나님이 함께하는 교회와 함께하지 않는 교회

제12장 목사를 우상화하지 말라

제13장 교회 직분자를 세우는 것

제14장 한국교회를 살리는 방법

제1장
교회의 뜻

교회는 헬라어로 '에클레시아(ἐκκλησία)'이다. 그 뜻은 '집회', '모임', '회중', '교회'라는 것이다.

1) 에클레시아의 어원과 고대 그리스에서의 의미

에클레시아(Ekklesia)는 고대 그리스어로 '집회'나 '소집된 회의'를 의미한다. 고대 그리스에서는 에클레시아에서 시민들이 모여 중요한 사안들을 논의하고 결정하는 민주적인 회의를 하였다. 특히, 아테네의 에클레시아는 모든 남성 시민들이 참여할 수 있는 회의로서 법률 제정, 전쟁과 평화 결정, 공직자 선출 등의 중요한 역할을 결정했다.

2) 기독교에서의 에클레시아

에클레시아는 신약성경에서 '교회'를 의미하는 용어로 사용된다. 초기

기독교 공동체는 에클레시아를 통해 신앙을 공유하고, 예배를 드리며, 공동체 생활을 하였다.

에클레시아는 단순한 물리적 모임이 아니라, 신자들이 예수 그리스도를 중심으로 형성한 영적인 공동체를 의미한다. 이는 예배, 성경공부, 기도, 섬김 등을 통해 신앙을 실천하는 공동체이다.

3) 현대 사회에서의 에클레시아

예배, 성경공부, 기도회, 전도, 상담, 치유, 선교, 신앙교육, 교제, 이웃돕기, 헌신 등을 통해 하나님을 경배하고 성도들의 영적 성장을 돕는다.

제2장
교회를 세우게 된 이유

1) 예수님이 세우라고 하셨다

예수님이 베드로에게 교회를 세우라고 하셨다.

(마 16:18) "또 내가 네게 이르노니 너는 베드로라 내가 이 반석 위에 내 교회를 세우리니 음부의 권세가 이기지 못하리라"

2) 초대교회가 예루살렘에 세워졌다

(행 5:11) "온 교회와 이 일을 듣는 사람들이 다 크게 두려워하니라"

(행 8:1) "사울은 그가 죽임 당함을 마땅히 여기더라 그 날에 예루살렘에 있는 교회에 큰 박해가 있어 사도 외에는 다 유대와 사마리아 모든 땅으로 흩어지니라"

3) 이방인에게 교회가 퍼져 나갔다

예루살렘에서 그리스도교를 핍박하여 집사인 스데반이 순교하였다. 그리고 12사도 중 야고보 사도가 순교하였다. 그러자 11사도들과 집사들과 다른 그리스도인들이 이방인 나라로 흩어져서 복음을 전하며 교회를 세우기 시작했다.

(행 7:59) "그들이 돌로 스데반을 치니 스데반이 부르짖어 이르되 주 예수여 내 영혼을 받으시옵소서 하고"

(행 12:2) "요한의 형제 야고보를 칼로 죽이니"

4) 사마리아 교회가 세워졌다

(행 9:31) "그리하여 온 유대와 갈릴리와 사마리아 교회가 평안하여 든든히 서 가고 주를 경외함과 성령의 위로로 진행하여 수가 더 많아지니라"

5) 다음은 안디옥 교회가 세워졌다

(행 11:26) "만나매 안디옥에 데리고 와서 둘이 교회에 일 년간 모여 있어 큰 무리를 가르쳤고 제자들이 안디옥에서 비로소 그리스도인이라 일컬음을 받게 되었더라"

(행 13:1) "안디옥 교회에 선지자들과 교사들이 있으니 곧 바나바와 니게르라 하는 시므온과 구레네 사람 루기오와 분봉 왕 헤롯의 젖동생 마나엔과 및 사울이라"

6) 바울과 바나바의 전도 여행을 통해 세계교회로 확장되었다

(행 13:2-5) "[2] 주를 섬겨 금식할 때에 성령이 이르시되 내가 불러 시

키는 일을 위하여 바나바와 사울을 따로 세우라 하시니 [3] 이에 금식하며 기도하고 두 사람에게 안수하여 보내니라 [4] 두 사람이 성령의 보내심을 받아 실루기아에 내려가 거기서 배 타고 구브로에 가서 [5] 살라미에 이르러 하나님의 말씀을 유대인의 여러 회당에서 전할새 요한을 수행원으로 두었더라"

제3장
신약교회는 예수님이 세우셨다

1) 예수님이 십자가 위에서 돌아가심으로 세워졌다

(롬 5:10) "곧 우리가 원수 되었을 때에 그의 아들의 죽으심으로 말미암아 하나님과 화목하게 되었은즉 화목하게 된 자로서는 더욱 그의 살아나심으로 말미암아 구원을 받을 것이니라"

(골 1:20) "그의 십자가의 피로 화평을 이루사 만물 곧 땅에 있는 것들이나 하늘에 있는 것들이 그로 말미암아 자기와 화목하게 되기를 기뻐하심이라"

2) 교회는 예수 그리스도의 몸이다

(엡 1:23) "교회는 그의 몸이니 만물 안에서 만물을 충만하게 하시는 이의 충만함이니라"

3) 예수 그리스도는 교회의 머리이시다

(엡 1:22) "또 만물을 그의 발 아래에 복종하게 하시고 그를 만물 위에 교회의 머리로 삼으셨느니라"

(골 1:18) "그는 몸인 교회의 머리시라 그가 근본이시요 죽은 자들 가운데서 먼저 나신 이시니 이는 친히 만물의 으뜸이 되려 하심이요"

4) 교회를 통하여 예수 그리스도의 예정하신 뜻을 알게 된다

(엡 3:10-11) "[10] 이는 이제 교회로 말미암아 하늘에 있는 통치자들과 권세들에게 하나님의 각종 지혜를 알게 하려 하심이니 [11] 곧 영원부터 우리 주 그리스도 예수 안에서 예정하신 뜻대로 하신 것이라"

5) 교회는 진리의 기둥과 터다

(딤전 3:15) "만일 내가 지체하면 너로 하여금 하나님의 집에서 어떻게 행하여야 할지를 알게 하려 함이니 이 집은 살아 계신 하나님의 교회요 진리의 기둥과 터니라"

제4장
무형 교회와 유형 교회

1) 무형 교회

교회는 눈에 보이지 않는 심령 교회가 있다. 그것을 무형 교회라고 한다. 그 심령 교회에 성령 하나님이 임재해 계신다.

(고전 3:16) "너희는 너희가 하나님의 성전인 것과 하나님의 성령이 너희 안에 계시는 것을 알지 못하느냐"

그러므로 성도는 거룩한 하나님이 계시는 심령을 더럽히면 안 된다. 항상 심령을 거룩하게 유지해야 한다. 그렇게 하면 하나님께 복을 받고, 더럽히면 심판을 받게 된다.

(고전 3:17) "누구든지 하나님의 성전을 더럽히면 하나님이 그 사람을 멸하시리라 하나님의 성전은 거룩하니 너희도 그러하니라"

기독교인은 하나님을 자신의 심령에 모시고 사는 구원받은 사람이다.

(고후 6:16) "하나님의 성전과 우상이 어찌 일치가 되리요 우리는 살아

계신 하나님의 성전이라 이와같이 하나님께서 이르시되 내가 그들 가운데 거하며 두루 행하여 나는 그들의 하나님이 되고 그들은 나의 백성이 되리라"

예수님도 자신의 몸을 성전이라고 말씀하셨다.
(요 2:21) "그러나 예수는 성전된 자기 육체를 가리켜 말씀하신 것이라"

2) 유형 교회

사람의 눈으로 보이는 건물을 유형 교회라고 한다. 예수님 당시 예루살렘 솔로몬 성전 터에 있던 스룹바벨 성전이 유형 교회이다. 그 교회를 헤롯왕이 수리하였다고 하여 헤롯 성전이라고도 불렀다. 그곳에 예수님이 방문하여 절기를 보내셨다.

(요 7:14) "이미 명절의 중간이 되어 예수께서 성전에 올라가사 가르치시니"

초대교회가 번성하면서 동굴과 가정에서 모이는 교회가 많아졌고 건축되는 건물도 생겼다.

(엡 2:21) "그의 안에서 건물마다 서로 연결하여 주 안에서 성전이 되어 가고"

제5장
교회의 주인은 누구인가?

1) 하나님이시다

하나님이 교회의 주인이시므로 교회를 소중하게 여기고 모든 성물을 조심히 사용해야 한다. 교회의 모든 주권이 하나님께 있다. 무엇을 결정할 때 하나님이시라면 어떻게 하실지 생각해 보고 결정하여, 하나님께 착하고 충성된 청지기로 인정받아야 한다. 그렇게 못하면 저주받는다.

2) 목사는 주인이 아니고 청지기다

설립한 목사나 담임목사가 교회의 주인이 아니다. 그러므로 목회자는 교회 관리 및 운영을 정직하게 해야 한다.

(딛 1:7) "감독은 하나님의 청지기로서 책망할 것이 없고 제 고집대로 하지 아니하며 급히 분내지 아니하며 술을 즐기지 아니하며 구타하지 아니하며 더러운 이득을 탐하지 아니하며"

하나님이 감독자이시므로 교회의 재정 관리, 시설물 관리, 사택 관리, 선교비 관리를 정확하게 하여 하나님의 진노를 사지 않도록 해야 한다.

돈 관리가 투명하고 정직하고 깨끗해야 한다. 교회의 돈을 자기 돈처럼 사용하거나, 거짓말로 돈을 가져가거나, 선교비를 받아 일부를 자기가 취하거나 하면 하나님의 진노를 사게 된다. 그 사람은 멸망당하고 영벌을 받는다.

하나님의 것은 소중하게 사용하고 깨끗하게 사용해야 하나님께 인정받고 은혜를 공급받아 상과 복을 받는다. 그러나 안타깝게도 그렇게 하지 못하는 종들을 많이 보았다. 그들은 결국 하나님의 은혜를 공급받지 못했고, 은혜를 받지 못하니 깨닫지도 못하고, 항상 생각이 부족하여 목회에 실패하고 거기에 영벌까지 받는 것도 보았다. 그러므로 우리는 정신 차리고 교회 청지기 역할을 잘 해야 한다.

교회를 팔아 일부는 교회를 위해 사용하고 일부는 자기가 사용하는 목회자들이 있다. 소형 교회도 그런 교회가 있다. 성도들의 헌금으로 보증금을 마련하고 월세를 내며 운영하다가 교회 운영이 안 되면 타교회에 팔아 일부 또는 전부를 목회자가 취하는 것을 보았다.

또 대출을 받아 교회를 크게 지었는데, 은행 이자가 감당이 안 되어 결국 교회를 팔아 일부는 목회자가 갖고 일부는 교회를 세우는 데 사용하는 교회도 보았다. 어떤 이는 일부를 퇴직금으로 미리 받는다. 그리고는 이런 일들이 신앙적으로 잘못된 것이 없다고 말한다. 그런데 하나님은 죄악이라고 말씀하셨다.

심지어 교회 운영이 어려워지자 이단에게 팔아버린 교회도 보았다. 이런 사람은 교회가 하나님의 것이라는 것을 잊어버렸다. 하나님의 뜻이 아닌 자기 뜻대로 하여 큰 죄를 범하고 있다.

하나님의 뜻대로 했어야 한다. 위에 열거한 사례의 사람들은 모두가 같은 죄를 범하였다. 하나님의 이름을 망령되이 행하였다. 그래서 하나님의 진노를 받아 망하고 영벌 받는 곳으로 간다.

많은 사람이 이런 죄를 범해 멸망의 길로 가는데, 그들은 자신들을 합리화하여 죄가 아니라고 말하고 그래서 회개도 안 한다. 결국은 영벌 받는 곳으로 간다. 하나님을 모르는 안타까운 일이다. 목회자는 죄를 지어도 면죄받는 줄 착각하고 있다.

나는 교회를 팔아 착취하는 목회자들을 위해 기도했는데, 하나님께서는 "그들은 나의 이름을 팔아 자기 욕심을 채웠다. 그들이 갈 곳은 지옥이라."라고 분명하게 말씀하셨다.

교회는 절대 목사의 것이 아니다. 전적으로 하나님의 것이므로 하나님의 뜻대로 운영되고 처분되어야 한다. 목사의 개인 것으로 만들면 안 된다.

하나님께서 나에게 알려주신 것을 보면 목회자들이 교회 운영을 잘못하여 영벌 받는 곳으로 가는 사람이 매우 많았다. 평신도로 살았으면 저런 죄를 짓지 않고 구원받았을 텐데 성경도 모르고 하나님도 모른다. 목회자라고 교만하고 높아져서 말로 죄 짓고, 성품으로 죄 짓고, 교회 운영을 잘못하여 죄 짓고, 소경된 인도자가 되어 다른 영혼을 지옥에 가게 하여 큰 죄를 짓는다. 게다가 하나님의 교회까지 팔아 착복하는 큰 죄를 범했으니 하나님의 진노를 받아 영벌 받는다는 것을 알려주셨다.

참고의 성경말씀이다.

(마 7:23) "그 때에 내가 그들에게 밝히 말하되 내가 너희를 도무지 알지 못하니 불법을 행하는 자들아 내게서 떠나가라 하리라"

(마 13:41-42) "[41] 인자가 그 천사들을 보내리니 그들이 그 나라에서

모든 넘어지게 하는 것과 또 불법을 행하는 자들을 거두어 내어 [42] 풀무 불에 던져 넣으리니 거기서 울며 이를 갈게 되리라"

(눅 6:39) "또 비유로 말씀하시되 맹인이 맹인을 인도할 수 있느냐 둘이 다 구덩이에 빠지지 아니하겠느냐"

(마 18:6-7) "[6] 누구든지 나를 믿는 이 작은 자 중 하나를 실족하게 하면 차라리 연자 맷돌이 그 목에 달려서 깊은 바다에 빠뜨려지는 것이 나으니라 [7] 실족하게 하는 일들이 있음으로 말미암아 세상에 화가 있도다 실족하게 하는 일이 없을 수는 없으나 실족하게 하는 그 사람에게는 화가 있도다"

목회자라고 죄를 면제받는 것이 아니다. 성경에 기록한 모든 죄악은 모든 사람에게 똑같이 적용되고 처벌받는다. 목회자는 하나님의 종으로서 모든 행동에 신앙의 본을 보여야 하므로 오히려 더 높은 신앙을 요구하신다. 그런데 성경도 모르고 하나님도 모르는 사람들이 목회자가 되면 특권을 누리는 줄 안다. 그래서 높아지려고 목회자가 되고, 더 높아지려고 단체의 회장이 되려 한다. 거기서 안 되면 스스로 단체를 만들어서라도 회장이라고 명함에 새기고 다닌다. 예수님의 가르침과는 반대로 행한다. 어리석고 불쌍한 사람들이다. 특히 목회자들이 이 죄를 많이 짓는다. 차라리 목회자가 되지 않았으면 구원받았을 텐데, 목회자가 되어 더 큰 죄를 짓고 영벌 받는 곳으로 가는 것이다.

3) 장로나 성도도 주인이 아니고 일꾼이다

어떤 교회에서는 '교회는 성도의 돈으로 세워졌으니 그들의 것'이라고 하는 곳도 있는데, 이것도 틀린 말이다. 하나님의 것이다. 성도가 하나님께 헌금을 드리는 순간 자신의 것이 아니고 하나님의 것이 된다.

　장로나 권사가 교회를 설립하고 목사를 청빙하여 운영하는 교회도 있다. 그 교회도 장로나 권사의 것이 아니다. 교회로 운영하는 즉시 하나님의 것이다. 그러므로 교회를 자기 마음대로 팔아도 안 되고 자기 기분대로 운영해도 안 된다. 하나님의 뜻대로 운영해야 복을 받는다. 자기 마음대로 하면 죄가 되고 하나님을 조롱하는 것이 되므로 멸망이고 영벌이다.

제6장
교회의 본질

1) 예배드리는 곳이다

(롬 12:1-2) "[1] 그러므로 형제들아 내가 하나님의 모든 자비하심으로 너희를 권하노니 너희 몸을 하나님이 기뻐하시는 거룩한 산 제물로 드리라 이는 너희가 드릴 영적 예배니라 [2] 너희는 이 세대를 본받지 말고 오직 마음을 새롭게 함으로 변화를 받아 하나님의 선하시고 기뻐하시고 온전하신 뜻이 무엇인지 분별하도록 하라"

교회의 본질은 성도들이 모여 하나님께서 기쁘게 받으시는 예배를 드리는 곳이다. 즉 하나님을 경외하고 경배하는 예배, 하나님을 사랑하고 감사하는 마음으로 경배드려야 한다.

예배는 온 우주에서 하나님 한 분만 받으실 수 있다. 그 어떤 우상이나 천사나 사람이나 동물이나 생물도 예배를 받을 수 없다. 받으면 저주받는다. 그들은 피조물로 경배받을 자격이 없기 때문이다. 그러므로 오직 하나님께만 감사와 찬송과 영광과 경배를 드려야 한다.

　이 원칙을 어기고 예배에 참석한 목회자나 성도, 그리고 초청된 사람이 받는다면 죄가 되고 저주를 받을 것이다. 그러므로 예배 시간은 거룩하고 경건해야 한다. 또 지각하거나 떠들거나 딴짓하거나 하면 안 되고, 사람이 박수를 받거나 칭찬을 받아도 안 된다. 모든 인간은 죄인이므로 받아서는 안 되고, 예배와 경배를 드리는 자가 되어야 한다. 하나님만 거룩하게 경배해야 한다.

2) 기도하는 곳이다

교회는 기도하는 집이라고 예수님이 말씀하셨다.
(막 11:17) "이에 가르쳐 이르시되 기록된 바 내 집은 만민이 기도하는 집이라 칭함을 받으리라고 하지 아니하였느냐 너희는 강도의 소굴을 만들었도다 하시매"
교회가 기도하는 집이 되어야 할 이유가 있다.

첫째, 기도해야 성령 하나님을 만날 수 있다.

성령 하나님을 만나야 성령 세례, 성령 충만, 성령이 주시는 은사, 성령의 능력을 받을 수 있다. 기도하지 않으면 아무것도 받을 수 없다. 그래서 교회 와서 기도해야 한다.

둘째, 기도해야 마귀를 이긴다.

목회자나 성도들이 착각하는 것이 있다. 교회를 다니고 교회 직분을 맡았으니 마귀가 자기에게 오지 못하는 줄로 안다.

　그러면 마귀가 예수님을 집요하게 괴롭힌 것은 어떻게 설명할 것인가? 마귀는 예수님이 태어날 때부터 헤롯왕을 통하여 죽이려고 하였고, 예수님이 공생애를 시작하시기 전 40일 금식기도가 끝났을 때도 나타나 세 가지 시험을 하였다. 또한 예수님의 공생애 중에도 사람들을 통해 계속 괴롭게 하였다. 십자가에서 죽을 때도 제자인 가룟 유다를 통해 배신하도록 하였고, 십자가 위에서도 한쪽 강도에게 조롱하게 하였다. 이렇게 마귀가 예수님을 일생 동안 쫓아다니며 괴롭혔는데, 자신에게는 마귀가 가까이 못 온다고 말한다면 이는 성경에 무지한 사람이다.

내가 알기로는 예수님은 성자 하나님이시니 대장인 마귀가 시험하였지만, 우리는 마귀의 부하인 졸병들 즉, 귀신이 와서 괴롭힐 것이다. 귀신과 악령과 마귀를 이기는 것은 기도와 성령 충만뿐이다. 그래서 교회를 기도하는 집으로 만들라는 것이다.

목회자와 성도가 교회 와서 기도를 많이 하고 성령 충만해야 하나님이 살아계신 경험도 많이 하고 믿음이 성장하여 마귀와 귀신도 이긴다. 기도를 안 하면 마귀의 밥이 되고 종이 된다.

「개척교회 장소를 보러 다니며 받은 은혜」

교회 개척 장소를 구하러 다니는 중에, 어떤 교회가 매물로 나왔다는 부동산의 소개를 받고 주일날 그 교회에 가서 예배를 드렸다. 그런데 예배 도중에 보니 강단에 킹콩만한 마귀가 앉아있었다. 그래서 "하나님, 저것은 무엇인가요?"라고 여쭈었더니, "이 교회 목사가 기도하지 않아서 킹콩 만한 마귀가 이 교회 강단을 점령하고 있고, 목사는 마귀에게 져서 아무것도 못 한다. 이 교회는 아무것도 되지 않고 저 종은 마귀의 종노릇을 하고 있다."라고 말씀하셨다.

그리고 예배를 드리고 있는데 장의자의 빈자리에 아이만한 귀신들이 앉아있기도 하고 의자 밑에도 있었다. 그래서 또 여쭈었다. 하나님께서는

"교인들도 기도를 안 하여 귀신들이 교회에 가득하다. 그들은 교회를 다녀도 은혜를 받지 못하고 불신자처럼 살고, 불안하고 시험들어 넘어지고, 가정도 불행하고 사업도 안 된다. 그런데도 깨닫지 못하고 기도하지 않고 교회만 다니고 있다."라고 하셨다.

이것을 통해 기도가 교회에서 매우 중요하다는 것을 배웠다. 그래서 개척하기 전에도 5개월 동안 기도원과 교회에서 전심으로 기도로 준비하였다. 개척해서도 1년 동안은 하루도 집에서 취침한 적이 없이 강단 위에서 기도했고, 새벽기도회가 끝나고 한 시간을 더 기도한 후에 방에 들어가 잠들었다. 그랬더니 29살의 어린 나이였는데도 성령의 은사가 나타나, 성도 한 명도 없이 시작한 교회가 1년 만에 청장년 100명이 모이는 교회가 되었다.

하나님이 깨닫게 해 주신 대로 기도에 전심전력하였더니 하나님의 은혜로 교회가 성장하였다.

3) 사람을 구원하는 곳이다

예수님이 교회를 세우라고 하신 목적은 사람을 구원하라는 것이다. 그래서 초대교회는 날마다 구원받는 사람이 많아졌다.

(행 2:47) "하나님을 찬미하며 또 온 백성에게 칭송을 받으니 주께서 구원받는 사람을 날마다 더하게 하시니라"

현대교회도 교회가 세워지면 구원받는 사람이 날마다 많아져야 한다. 그렇게 되는 교회도 있는데 되지 않는 교회도 있다. 안 되는 이유는 무엇일까? 고민해 보아야 한다.

· 목회자가 죄가 있어서
· 기도를 안 해서

- 게으른 종이라서
- 하나님이 부르지 않아서
- 성령 받지 못해서
- 성령 하나님이 도와주지 않아서
- 어리석은 종이라서
- 마귀의 종노릇해서 (거짓, 속임, 욕심, 도둑질 등)
- 악령 받아서 (악령이 주는 예언, 방언, 병 고침, 능력, 축사 등)
- 지식이 부족해서
- 목회를 몰라서
- 사모가 도와주지 않아서
- 돈이 없어서
- 생각이 부족해서
- 교만해서
- 인격이 부족해서
- 성경을 몰라서
- 미련해서

정확한 진단을 못하면 평생 고생하고 구원도 못 받을 수 있다. 이런 사람은 잘못된 성경관 때문에 자신의 영혼도 구원받지 못하고, 그 신앙의 영향을 받는 가족도 구원받지 못하고, 성도들도 구원받지 못하는 경우가 있다. 정말 두려운 일이다. 예수님의 이 말씀에 걸린다.

(마 15:14) "그냥 두라 그들은 맹인이 되어 맹인을 인도하는 자로다 만일 맹인이 맹인을 인도하면 둘이 다 구덩이에 빠지리라 하시니"

(마 7:21-23) "[21] 나더러 주여 주여 하는 자마다 다 천국에 들어갈 것

이 아니요 다만 하늘에 계신 내 아버지의 뜻대로 행하는 자라야 들어가리라 [22] 그 날에 많은 사람이 나더러 이르되 주여 주여 우리가 주의 이름으로 선지자 노릇 하며 주의 이름으로 귀신을 쫓아 내며 주의 이름으로 많은 권능을 행하지 아니하였나이까 하리니 [23] 그 때에 내가 그들에게 밝히 말하되 내가 너희를 도무지 알지 못하니 불법을 행하는 자들아 내게서 떠나가라 하리라"

그러므로 자신의 부족함이 무엇인지 점검하여 하나님께 고쳐달라 기도하고, 성령 충만을 받아서 목회해야 한다. 그래야 나도 살고 남도 살린다.

「한 영혼이 중요하다 / 교회를 세워라」

하나님께서는 내 몸이 죽을 만큼 기도를 시키셨다. 만 7일을 24시간 기도시키셨는데 그때는 정말 온몸이 지쳐 죽는 줄 알았다.

결혼하고 신혼여행을 갔다 온 첫날, 갑자기 사모가 밖에서 여자 세 명이 자기를 부른다고 하였다. 창문을 열어 보니 아무도 없었다. 그래서 아무도 없다고 말했더니 저기 세 명이 있는데 왜 없다고 하느냐는 것이다. 그때 '이 사람 눈에 귀신이 보이는구나!' 하는 생각이 들었다. 다시 물어보니 여자 셋이 보이고 자기 이름을 부르면서 놀자고 한다는 것이다. 아내의 영안이 열리고 소리까지 들리는 현상이 일어난 것이다. 그래서 나가면 죽는다고 말하고 기도하기 시작했다.

두 시간쯤 기도하니 여자들이 안 보이고 소리도 안 들린다고 하였다. 그래서 피곤하여 잠깐 잠들었다. 두 시간쯤 자고 일어났는데 아내가 다시 여자들이 보인다고 하는 것이다. 그래서 다시 귀신을 물리치는 기도를 하였다. 또 두 시간쯤 기도하니 안 보인다고 하였다. 그래서 너무 피곤하여 잠들었다. 두 시간쯤 자고 일어나니 또 여자들이 보이는데 이번에는 5명이라고 했다. 그래서 더 큰 소리로 귀신을 물리치는 기도를 하였다. 안 보인다고 하여 시간을 보니 3시간이 지났다. 정말 피곤하여 그 자리에 쓰러져 잠들었다. 이렇게 반복할 때마다 기도 시간이 네 시간, 다섯 시간, 여섯 시간 일곱 시간으로 늘어났다. 여자와 남자가 보이고 갈수록 숫자도 더 늘어났다. 사모를 살리기 위한 목숨 건 기도였다.

3일쯤 되었을 때는 혀와 입안이 십여 군데 터졌다. 아무것도 먹을 수가 없었다. 그런데도 계속 귀신은 보이고 사모를 나오라고 하니 살리기 위해서 죽을힘을 다해 대적 기도를 해야 했다. 육신은 만신창이가 되었다. 하지만 기도를 멈추면 사모가 죽을 것 같아서 마지막 힘을 다하여 대적 기도하였다.

만 7일째 되는 날, 기도로 귀신을 물리치고 나니 하늘 문이 열리고 예수님이 보였다. 나는 예수님께 "왜 나에게 이런 시련을 주십니까?"라고 물었다. 예수님께서는 나를 기도시키기 위하여 그랬다고 말씀하셨다. 그리고 "심판 때가 가까이 왔다. 교회를 세워라. 한 영혼이 중요하다. 내가 함께하겠다."라고 하셨다.

나는 29살밖에 되지 않은 어린 나이였지만 예수님 말씀에 순종하여 교회를 개척하였다. 그리고 매일 저녁, 강단에 올라가 졸릴 때까지 기도하고 새벽기도회를 인도한 후 한 시간을 더 기도했다. 하룻저녁을 방에서 잔 적이 없다. 기도를 제일 중요시했다.

하나님께서 목회를 도와주셔서 많은 병자가 치료되었고 귀신이 드러나고 쫓겨났다. 그 외에도 많은 성령 하나님의 능력을 경험하여 천국과 지옥을 갔다 온 사람이 많았고, 어떤 사람들이 천국에 가고 지옥에 가는지를 알게 되었다. 지옥도 여러 곳이 있었다. 죄의 경중에 따라 고통받는 곳이 달랐다. 많은 목회자가 지옥에 있고 장로들도 있었다. 정말로 하나님 말씀

중심으로 진실하게 잘 믿어야 한다는 것을 배웠다.

나는 매일 다섯 종류의 주석을 펴 놓고 성경을 창세기 1장부터 요약하여 다음 날 새벽에 설교하였다. 이렇게 4년을 하니 성경 전체를 한 바퀴 공부할 수 있었다. 그 후부터 성경 말씀이 보이기 시작했다. 그동안 모르던 부분을 알게 되었고 잘못 알고 있는 성경 말씀을 바르게 이해하게 되었다. 이렇게 10바퀴를 돌았다. 많은 말씀을 깨닫고 하나님의 진정한 뜻이 무엇인지를 알게 되었다.

하나님께서 사람을 만드신 목적은 사람을 행복하게 하시기 위해서였다. 사람이 행복하려면 하나님 사랑, 이웃 사랑을 깨닫고 실천하면 된다. 이렇게 하면 하나님도 행복하시고 실천하는 본인도 행복하고 이웃도 행복하게 된다.

이렇게 기도 훈련을 통하여 성령의 역사가 나타나니, 마귀도 이기고 은사도 받고 성경 말씀도 깨달아졌다.

예수님께서 제자들을 전도하러 내보실 때, 왜 귀신을 쫓고 병자를 치료하라고 했는지를 이해하게 되었다. 말씀의 순서가 '병자를 고치고 귀신을 쫓아내고'가 아니라 '귀신을 쫓아내며 병자를 고치라'였는지 실습을 통해 깨닫게 되었다.

예수님도 귀신 얘기를 하면 사람들이 싫어한다는 것을 아셨을 것이다. 그런데도 제자들에게 귀신을 쫓아내라는 말씀을 먼저 지시하셨다. 이 비밀을 알아야 한다.

(마 10:1) "예수께서 그의 열두 제자를 부르사 더러운 귀신을 쫓아내며 모든 병과 모든 약한 것을 고치는 권능을 주시니라"

(막 16:17) "믿는 자들에게는 이런 표적이 따르리니 곧 그들이 내 이름으로 귀신을 쫓아내며 새 방언을 말하며"

예수님도 귀신을 쫓아내다가 귀신들린 바리새인들에게 귀신들렸다고 오해도 받으셨다. 그런데도 제자들에게 똑같은 말씀을 하셨다.

(마 12:24) "바리새인들은 듣고 이르되 이가 귀신의 왕 바알세불을 힘입지 않고는 귀신을 쫓아내지 못하느니라 하거늘"

예수님이 승천하시면서 제자들에게 성령의 능력이 임할 때까지 기도하라고 했는지를 깨닫게 되었다.

(눅 24:49) "볼지어다 내가 내 아버지께서 약속하신 것을 너희에게 보내리니 너희는 위로부터 능력으로 입혀질 때까지 이 성에 머물라 하시니라"

(행 1:8) "오직 성령이 너희에게 임하시면 너희가 권능을 받고 예루살렘과 온 유대와 사마리아와 땅 끝까지 이르러 내 증인이 되리라 하시니라"

하나님께서 나를 깨닫게 하신 것은, 목회자는 반드시 마귀의 일을 알고 분별하여 물리쳐 이겨야 하고, 성령 하나님의 일을 분별하여서 하라고 가르쳐 주신 것이다.

많은 목회자가 마귀의 예언을 받고 속아서 목회자가 되어 고생하고 있고, 목회자가 되어서도 마귀 역사와 성령 역사를 분별하지 못하여 속고 죄 짓고 있다. 결국은 영벌 받는 곳으로 간다.

가룟 유다도 마귀의 일을 분별하지 못하고 마귀가 주는 마음대로 행하여 예수님을 배반하고 팔아버렸다. 그 죗값으로 망하고 영벌 받는 곳으로 갔다. 예수님은 가룟 유다에 대하여 태어나지 아니하였더라면 좋았을 것이라고 하셨다.

(마 26:24) "인자는 자기에 대하여 기록된 대로 가거니와 인자를 파는 그 사람에게는 화가 있으리로다 그 사람은 차라리 태어나지 아니하였더라면 제게 좋을 뻔하였느니라"

(요 13:2) "마귀가 벌써 시몬의 아들 가룟 유다의 마음에 예수를 팔려는 생각을 넣었더라"

(마 27:5) "유다가 은을 성소에 던져 넣고 물러가서 스스로 목매어 죽은지라"

예수님은 공생애를 시작하실 때 40일 금식 기도하신 후에 마귀의 시험을 이기고 물리치셨다. 그리고 사역을 시작하셨다.

(마 4:10) "이에 예수께서 말씀하시되 사탄아 물러가라 기록되었으되 주 너의 하나님께 경배하고 다만 그를 섬기라 하였느니라"

그러므로 모든 목회자는 마귀를 이기는 기도와 능력이 있어야 하나님께서 원하시는 영혼 살리는 목회를 할 수 있다.

앞에서 개척 장소를 보러 어떤 교회에서 예배드릴 때 그 교회 목회자가 기도를 안 하여 킹콩만한 마귀가 강단과 교회와 목회자를 지배하고 있더라는 얘기를 하였다. 그래서 교회 운영이 안 되어 내놓았다는데, 주변 사람들의 이야기를 들으니 그 목회자는 수지침을 배워 수지침 전도를 했다고 한다. 그러나 하나님은 인정하지 않으셨다. 하나님은 기도하기를 원하셨다.

하나님께서 나에게 기도 훈련을 시키신 이유도 교회를 성장시키고 영혼을 구원하려면 반드시 마귀와 귀신을 물리쳐야 하는데, 그것을 하려면 많은 기도가 있어야 하고 성령 충만해야 하며, 기도를 계속 해야 한다는 것을 가르치시기 위함이었다.

(살전 5:17) "쉬지 말고 기도하라"

이렇게 하지 않으면 마귀에게 지고 영혼을 살리지 못한다는 것을 배운 것이다.

목회자는 신앙을 스스로 점검하여 자신이 내 뜻을 이루는지 아니면 나를 죽이고 하나님의 뜻을 이루는지 생각하고 행동해야 한다는 것을 배웠다.

(갈 2:20) "내가 그리스도와 함께 십자가에 못 박혔나니 그런즉 이제는 내가 사는 것이 아니요 오직 내 안에 그리스도께서 사시는 것이라 이제 내가 육체 가운데 사는 것은 나를 사랑하사 나를 위하여 자기 자신을 버리신 하나님의 아들을 믿는 믿음 안에서 사는 것이라"

(막 3:35) "누구든지 하나님의 뜻대로 행하는 자가 내 형제요 자매요 어머니이니라"

나도 이러한 하나님의 뜻을 깨닫고 지금까지 기도하며 내 뜻을 이루지 않고 하나님 뜻을 이루어 드리려고 노력하고 있다. 그리고 내가 하나님의 뜻을 이루어 드리고 있는지 점검이 필요했다. 그래서 4년마다 내 신임을 공동의회에서 무기명으로 투표하여 물으며 목회하고 있다.

개척하고 지금까지 구원받는 사람이 매년 늘어났다. IMF 때도 코로나 때도 우리 교회는 1,000~2,000명씩 등록했다. 내가 한 일이 아니라 하나님께서 하신 일이다. 모두 하나님께 감사와 영광을 돌린다.

제7장
교회를 성장시키는 훈련

첫째, 기도 훈련
둘째, 평신도 사역자 훈련
셋째, 전도 훈련

이 세 가지를 중점적으로 훈련해야 교회의 목적이 이루어진다. 이 중 한 가지만 성공해도 교회는 성장한다. 세 가지 모두 잘하고 있으면 지속적이고 빠르게 성장한다. 그런데 이 중에 한 가지도 못하는 교회가 대부분이다. 그래서 교회가 성장하지 않는다.

안타까운 것은 세 가지를 가르쳐 주어도 안 한다. 왜 한 가지도 안 하는지 모르겠다. 가서 보면 다른 방법으로, 노인들을 초청하여 잔치해 주거나 생산성 없는 교리를 가르치고 있다. 찬양단을 구성해 찬양이나 하고 있고, 요즘은 필요 없는 대심방을 하면서 금 같은 시간을 재생산하는 데 사용하지 않고 있다. 또 교회를 카페로 꾸미고 커피 전도를 하는 곳도 있다.

기도하지 않고 다른 방법으로 목회하는 것을 하나님은 인정하지 않으시고 책망하셨다. 목회자는 하나님께 기도로 인정받고, 성경을 연구하고, 교회에서 함께 열심히 일할 평신도 사역자를 양성해야 한다. 그래야 교회가 성장한다.

1) 기도 훈련을 하여 성령의 역사를 경험시켜라

하나님 믿는 사람이 기도를 많이 하면 성령 하나님의 임재와 역사를 경험한다. 이런 경험이 많아지면 믿음이 성장하고 하나님께 충성한다.

먼저 담임목사와 사모가 매일 저녁 교회에서 기도하여 성령의 역사를 경험해야 한다. 구체적으로 응답받아 해결되는 일이 간증으로 나타나야 한다. 설교나 개인 간증으로 전파되면 성도들이 듣고 은혜받아 그들도 기도하고 싶은 마음이 생긴다.

절대로 기도원에 가서 기도하지 말고 교회 강단이나 장의자에서 기도하여 응답받아야 한다. 목회자가 기도원에서 기도하여 응답받았다고 간증하면 성도도 기도원에 자주 가려고 한다. 그러나 교회에서 기도하다가 응답받았다고 하면 그들도 교회에서 기도하고 싶어진다. 목회자의 말은 절대적인 신뢰를 준다. 그러므로 말과 행동을 신중하게 해야 한다. 그리고 교회에서 기도해야 교회를 방해하는 귀신을 쫓아내고, 예수님이 말씀하신 것처럼 '내 집은 만민이 기도하는 집'이 된다.

목회자가 성령세례 받은 경험, 성령 충만한 경험, 치유받은 경험 등을 자주 간증하면 성도가 도전받아 은사를 받으려고 기도한다. 또 성령의 아홉 가지 은사 중에 받은 것을 간증하라.

(고전 12:9-11) "[9] 다른 사람에게는 같은 성령으로 믿음을, 어떤 사람

에게는 한 성령으로 병 고치는 은사를, [10] 어떤 사람에게는 능력 행함을, 어떤 사람에게는 예언함을, 어떤 사람에게는 영들 분별함을, 다른 사람에게는 각종 방언 말함을, 어떤 사람에게는 방언들 통역함을 주시나니 [11] 이 모든 일은 같은 한 성령이 행하사 그의 뜻대로 각 사람에게 나누어 주시는 것이니라"

성령 받은 사람은 반드시 성령의 열매가 나타난다. 즉, 옛사람을 버리고 새사람이 되는데 성품의 변화가 나타난다. 이러한 아홉 가지 열매가 나타나는 사람은 성령 받은 사람이다. 성령의 열매로 변화된 것도 간증하라. 그래야 성도가 배운다.

(갈 5:22-23) "[22] 오직 성령의 열매는 사랑과 희락과 화평과 오래 참음과 자비와 양선과 충성과 [23] 온유와 절제니 이같은 것을 금지할 법이 없느니라"

위와 같은 열매가 없고 성령 받기 전의 악한 성품을 그대로 가지고 있다면 악령 받은 사람이다. 악령 받은 사람은 속이 악하므로 악한 성품이 생활 속에서 나타난다. 이것을 아는 것이 분별의 은사를 받은 것이다. 다음의 성경 구절에서 말하는 악한 것을 버려야 성령의 사람이 된다.

(엡 4:21-32) "[21] 진리가 예수 안에 있는 것 같이 너희가 참으로 그에게서 듣고 또한 그 안에서 가르침을 받았을진대

[22] 너희는 유혹의 욕심을 따라 썩어져 가는 구습을 따르는 옛사람을 벗어 버리고

[23] 오직 너희의 심령이 새롭게 되어

[24] 하나님을 따라 의와 진리의 거룩함으로 지으심을 받은 새 사람을 입으라

[25] 그런즉 거짓을 버리고 각각 그 이웃과 더불어 참된 것을 말하라 이는 우리가 서로 지체가 됨이라

[26] 분을 내어도 죄를 짓지 말며 해가 지도록 분을 품지 말고

[27] 마귀에게 틈을 주지 말라

[28] 도둑질하는 자는 다시 도둑질하지 말고 돌이켜 가난한 자에게 구제할 수 있도록 자기 손으로 수고하여 선한 일을 하라

[29] 무릇 더러운 말은 너희 입 밖에도 내지 말고 오직 덕을 세우는 데 소용되는 대로 선한 말을 하여 듣는 자들에게 은혜를 끼치게 하라

[30] 하나님의 성령을 근심하게 하지 말라 그 안에서 너희가 구원의 날까지 인치심을 받았느니라

[31] 너희는 모든 악독과 노함과 분냄과 떠드는 것과 비방하는 것을 모든 악의와 함께 버리고

[32] 서로 친절하게 하며 불쌍히 여기며 서로 용서하기를 하나님이 그리스도 안에서 너희를 용서하심과 같이 하라"

다음 성경 말씀의 악한 것을 버리지 않은 사람도 악령 받은 사람이다. 스스로 점검해 보고 분별하며 살아야 구원받는다. 만약 악령에게 속아 계속 악을 행하면 하나님의 진노를 받아 심판받는다.

(골 3:5-10) "[5] 그러므로 땅에 있는 지체를 죽이라 곧 음란과 부정과 사욕과 악한 정욕과 탐심이니 탐심은 우상 숭배니라

[6] 이것들로 말미암아 하나님의 진노가 임하느니라

[7] 너희도 전에 그 가운데 살 때에는 그 가운데서 행하였으나

[8] 이제는 너희가 이 모든 것을 벗어 버리라 곧 분함과 노여움과 악의와 비방과 너희 입의 부끄러운 말이라

[9] 너희가 서로 거짓말을 하지 말라 옛 사람과 그 행위를 벗어 버리고

[10] 새 사람을 입었으니 이는 자기를 창조하신 이의 형상을 따라 지식에까지 새롭게 하심을 입은 자니라"

예수님은 열매로 분별하라고 말씀하셨다.
(마 7:16-20) "[16] 그들의 열매로 그들을 알지니 가시나무에서 포도를, 또는 엉겅퀴에서 무화과를 따겠느냐
[17] 이와 같이 좋은 나무마다 아름다운 열매를 맺고 못된 나무가 나쁜 열매를 맺나니
[18] 좋은 나무가 나쁜 열매를 맺을 수 없고 못된 나무가 아름다운 열매를 맺을 수 없느니라
[19] 아름다운 열매를 맺지 아니하는 나무마다 찍혀 불에 던져지느니라
[20] 이러므로 그들의 열매로 그들을 알리라"

예수님은 사람의 지식이나 능력이나 외모를 보지 말라고 하셨다. 성품이 예수님을 닮아가는 사람이 성령 받은 사람이다. 그렇지 않은 사람은 모두 악령에게 속아 사는 사람이다. 그 결과는 영벌이다.
(마 7:21-23) "[21] 나더러 주여 주여 하는 자마다 다 천국에 들어갈 것이 아니요 다만 하늘에 계신 내 아버지의 뜻대로 행하는 자라야 들어가리라
[22] 그 날에 많은 사람이 나더러 이르되 주여 주여 우리가 주의 이름으로 선지자 노릇 하며 주의 이름으로 귀신을 쫓아 내며 주의 이름으로 많은 권능을 행하지 아니하였나이까 하리니
[23] 그 때에 내가 그들에게 밝히 말하되 내가 너희를 도무지 알지 못하니 불법을 행하는 자들아 내게서 떠나가라 하리라"

먼저 목회자 자신이 기도 많이 하여 성령의 역사를 경험하고, 성도들도

이러한 성령의 역사를 경험하도록 기도시켜야 한다. 그래서 성령의 능력을 받은 성도들이 많이 생기면 교회는 매일 성령의 역사가 나타나며 구원받는 숫자가 많아진다. 이것이 초대교회의 모습이었다.

(행 2:42-47) "[42] 그들이 사도의 가르침을 받아 서로 교제하고 떡을 떼며 오로지 기도하기를 힘쓰니라
[43] 사람마다 두려워하는데 사도들로 말미암아 기사와 표적이 많이 나타나니
[44] 믿는 사람이 다 함께 있어 모든 물건을 서로 통용하고
[45] 또 재산과 소유를 팔아 각 사람의 필요를 따라 나눠 주며
[46] 날마다 마음을 같이하여 성전에 모이기를 힘쓰고 집에서 떡을 떼며 기쁨과 순전한 마음으로 음식을 먹고
[47] 하나님을 찬미하며 또 온 백성에게 칭송을 받으니 주께서 구원 받는 사람을 날마다 더하게 하시니라"

이렇게 되면 교회는 영적으로 살아서 생동감이 넘치게 된다. 하나님은 이렇게 기도 하나만으로도 교회를 부흥시키고 영혼을 살리는 일을 행하신다. 그러므로 모든 교회는 목회자와 성도가 기도하는 교회를 만들어야 한다.

(막 11:17) "이에 가르쳐 이르시되 기록된 바 내 집은 만민이 기도하는 집이라 칭함을 받으리라고 하지 아니하였느냐 너희는 강도의 소굴을 만들었도다 하시매"

2) 평신도 사역자로 훈련하라

예수님은 부활하셔서 제자들에게 모든 민족을 제자로 삼아 가르치고 훈련하여 또 다른 제자를 만들라고 당부하셨다.

(마 28:16-20) "[16] 열한 제자가 갈릴리에 가서 예수께서 지시하신 산에 이르러
[17] 예수를 뵈옵고 경배하나 아직도 의심하는 사람들이 있더라
[18] 예수께서 나아와 말씀하여 이르시되 하늘과 땅의 모든 권세를 내게 주셨으니
[19] 그러므로 너희는 가서 모든 민족을 제자로 삼아 아버지와 아들과 성령의 이름으로 세례를 베풀고
[20] 내가 너희에게 분부한 모든 것을 가르쳐 지키게 하라 볼지어다 내가 세상 끝날까지 너희와 항상 함께 있으리라 하시니라"

초대교회 제자들은 기도를 많이 하여 모든 성도가 성령 충만하고 은사와 능력을 받게 하였다. 그래서 일곱 집사는 모두 성령 충만한 사람이 선택되었다. 그리고 예수님이 가르치신 복음을 전하였고, 또 다른 사람에게 전하도록 가르쳤다. 현대교회도 이렇게 하면 된다. 그런데 목회자들이 그렇게 하는 방법을 모른다. 신학교에서 학문만 배웠기 때문에 실천 목회는 전무한 상태다.

각 교회는 예수님 제자를 삼는 전문적인 교육 체계가 있어야 한다. 다시 말하면 성도를 교회 지도자로 세우는 전문적인 훈련 코스가 있어야 한다는 뜻이다. 이것을 어떤 사람은 제자 훈련이라고 하고, 또는 리더 훈련이라고 한다. 나는 평신도 사역자를 양성하는 훈련이 있어야 한다고 생각한다.

평신도 사역자를 훈련하여 만드는 교회는 지금도 사역자 걱정이 필요 없다. 성도들이 실천신학을 훈련받았기 때문이다. 그래서 맡겨만 주면 훌륭하게 잘 해낸다. 우리 교회를 보았을 때도 신학교를 졸업한 여전도사나 목회자보다 평신도 사역자가 몇 배로 잘한다. 여전도사나 목회자를 채용해 일을 맡겨본 결과, 그들은 잘해야 현상 유지하거나 아니면 마이너스시

켜 놓았다.

모든 성도를 평신도 사역자로 훈련시켜라. 이것이 예수님의 명령이다. 우리가 이것을 잘할 때 복음은 더 많은 사람에게 퍼져 많은 영혼을 구원시키고 교회는 성장할 것이다.

만약 이런 사역을 어떻게 해야 할지 모르겠으면 잘하고 있는 교회에 가서 몇 개월이라도 시간을 투자하며 배워라. 그러면 누구든지 할 수 있다. 안 하면 교회 성장은 생각대로 안 될 것이다.

3) 전도 훈련을 시켜라

예수님은 열두 제자를 선택하시고 전도 훈련을 시키셨다.
(막 6:7) "열두 제자를 부르사 둘씩 둘씩 보내시며 더러운 귀신을 제어하는 권능을 주시고"
그리고 70인 전도대를 세우고 전도 훈련을 시키셨다.
(눅 10:1) "그 후에 주께서 따로 칠십 인을 세우사 친히 가시려는 각 동네와 각 지역으로 둘씩 앞서 보내시며"

우리도 예수님이 하신 것처럼 해야 한다. 그런데 현대교회는 이 일을 하지 않는 교회가 많다. 이상한 것은 이단은 이 일을 매우 열심히 하고 있다는 것이다. 기존 교회들이 이단을 비판하면서 자기들은 전도를 안 한다. 자기 교인들을 이단에게 빼앗기면서도 전도 훈련은 안 한다. 한다 해도 하는 척 흉내만 낸다.

이런 것을 보면서 답답함을 느낀다. 어떤 교회는 자기들은 전도하지 않으면서 열심히 전도하는 다른 교회를 근거도 없이 함부로 이단이라고 정죄한다. 참으로 불쌍한 일이다. 성경 말씀과 같이 행한 대로 받는다.

전도 훈련을 시키려면 다음과 같이 하라.

· 전도 훈련을 잘하는 교회에 탐방하여 배우라.
· 전도대원을 모집하라.
· 전도대원을 기도 많이 하게 하여 성령의 능력을 받게 하라.
· 교회에서 전도비를 책정하라.
· 전도대원에게 점심을 대접하라.
· 전도 후, 보고를 받아라.
· 전도자 시상을 하여 전도비를 주라.
· 동기부여를 주라.
· 매월 전도자를 시상하라.
· 일 년 동안의 전도를 합산하여 시상하라.

전도하는 데는 물질이 들어가야 한다. 전도하는 당사자의 돈으로 전도하라고 하면 몇 번은 할 수 있으나 계속할 수는 없다. 가정에 쓸 돈이 없는데 어떻게 할 수 있는가? 그래서 교회에서 전도비를 많이 써야 한다.

교회가 잘못하고 있는 것 중의 하나가 선교비는 지출하면서 전도비를 지출하지 않는다는 것이다. 전도도 선교다. 전도비를 지혜롭게 사용하면 많은 사람을 전도할 수 있다. 참고로 선교사 한 사람이 매월 300만 원씩 선교비를 가지고 1년 동안 전도하는 숫자는 몇 명에 불과하다. 그러나 여러분 교회에서 매월 300만 원의 전도비를 사용하면 30명은 전도할 수 있다. 효과가 매우 크다는 것을 알기 바란다.

게다가 성령의 능력을 받은 사람들이 전도를 나가면 전도비가 최소로 들어간다. 예수님의 제자들은 예수님이 주신 귀신 쫓는 능력과 병자를 치료하는 능력을 가지고 전도비 없이 전도하였다. 이처럼 성령의 능력을 받은 사람이 교회에 절실하게 필요하다.

교회가 성장하기 위해서는 이 세 가지 훈련이 필요하다. 자신에게 이런 지식이나 경험이 없다면 배워라. 그래서 초대교회처럼 교회를 이끌고 가야 한다. 성경에서 해답을 찾아야 한다. 이것을 못 하면 목회는 못 한다. 목회자 자신에게 성령의 능력이 나타나지 않는다면 원인을 찾아서 해결해야 한다.

· 죄가 많은 사람의 기도는 응답되지 않는다.
· 기도가 부족해도 안 된다.
· 하나님이 사용하실 계획이 없는 사람도 안 된다.
· 본인이 기도해 보고 답을 찾아 해결해야 목회를 할 수 있다.

교회에서 다른 여러 가지 행사를 하지 말라. 교인들도 바쁘게 살고 있다. 예배에 참석하고, 새벽기도회에 참석하고, 개인기도도 하고, 사역자 훈련을 받고, 전도 훈련을 받고 그러기에도 시간이 부족하다. 그런데 남여전도회 모임, 친교 모임, 노인 잔치, 불우이웃돕기, 선교지 방문, 바자회 등에 시간을 사용하면 위에서 말한 중요한 세 가지 훈련을 받을 시간이 없다. 그래서 시간이 없는 성도는 아무것도 안 하거나 다른 교회로 이동한다. 성도의 시간도 아껴 주어야 한다. 그래야 시간을 내어 교회의 중점 훈련에 참여할 수 있다.

제8장
교회 천국을 만들어라

교회가 목회자나 성도 문제로 사건, 사고가 많이 생기면 절대로 성장할 수 없다. 오히려 마이너스가 된다. 그렇게 하지 않으려면 교회 천국을 만들어야 한다.

교회에 가면 평안하고 행복하고 즐겁고, 소망이 있고 사랑이 있고, 서로 도와주어야 한다. 그런 교회를 만들어야 한다. 전기세 아끼지 말고 여름에는 시원하게, 겨울에는 따뜻하게 해주어야 한다. 그래야 교회 와서 기도하고 싶고 일하고 싶어진다.

바울 사도가 가르쳐 주었다.

(롬 14:17) "하나님의 나라는 먹는 것과 마시는 것이 아니요 오직 성령 안에 있는 의와 평강과 희락이라"

이것을 재해석하면 '천국은 먹고 마시는 것이 아니요 오직 성령 안에서의 의와 평안과 기쁨이라'고 할 수 있다. 교회 천국을 만들려면 성령의 은혜 안에서 의로운 일만 하고 교회를 평안하게 하고 하나님 믿는 기쁨이 있게 하면 된다.

1) 의를 행하는 교회를 만들라

하나님과 사람이 보기에 의로운 일만 결정하고 행하라. 악한 일은 행하지 말라. 즉, 악은 모양이라도 버려라.

(살전 5:22) "악은 어떤 모양이라도 버리라"

목회자가 결정하는 일이 의로운 일이어야 한다.

예산 문제, 헌금 지출, 교회 행사, 당회와 제직회 등 어떤 기관의 일이든 의롭게 결정해야 한다. 공정하고 공평하게 정의롭게 결정하면 교회는 평안하다. 그러나 계명을 어기거나 속이거나 악한 일을 결정하면 교회는 시끄럽게 된다.

2) 평안한 교회를 만들라

교회가 평안해야 천국과 같은 교회가 되고, 성도는 교회 오는 것을 행복하게 여긴다.

교인들에게 헌금 부담을 주지 말라. 억지로 헌금하게 하지 말라. 직분도 하기 싫다면 억지로 맡기지 않아야 한다.

3) 하나님 믿는 기쁨이 있는 교회를 만들라

세상의 기쁨은 좋은 일이 있을 때 잠깐 있다가 곧 사라진다. 하나님을 믿는 사람은 하나님 믿는 기쁨을 배워야 한다. 이것은 생각하면 항상 느낄 수 있으므로 항상 기쁘다.

나 같은 죄인이 죄사함 받고 구원받은 것을 생각하니 기쁘다.

나같이 부족한 사람에게 상과 복을 주시려고 교회 일을 맡겨 주시니 기쁘다.
언제나 기도하면 하나님의 응답을 받으니 기쁘다.
부족한 사람에게 많은 은혜를 주시니 기쁘다.
언제나 교회에 올 수 있으니 기쁘다.
하나님 생각만 해도 기쁘다.
이런 신앙을 가지도록 말씀을 전해야 한다. 이렇게 교회 천국을 만들면 하나님이 기뻐하시고 성도가 행복해한다.

4) 하나님을 사랑하는 교회를 만들라

하나님을 사랑하고 경외하는 것을 첫 번째로 여기는 교회가 되어야 한다. 예수님은 하나님을 사랑하는 것은 내 계명을 지키는 것이라고 말씀하셨다.

(요일 5:3) "하나님을 사랑하는 것은 이것이니 우리가 그의 계명들을 지키는 것이라 그의 계명들은 무거운 것이 아니로다"

(요 15:10) "내가 아버지의 계명을 지켜 그의 사랑 안에 거하는 것 같이 너희도 내 계명을 지키면 내 사랑 안에 거하리라"

어떻게 지켜야 하는가? 마음과 목숨과 힘과 뜻을 다하여 지키는 것이 하나님 사랑이다.

(마 22:37-38) "[37] 예수께서 이르시되 네 마음을 다하고 목숨을 다하고 뜻을 다하여 주 너의 하나님을 사랑하라 하셨으니 [38] 이것이 크고 첫째 되는 계명이요"

하나님을 사랑하라는 계명은 십계명 1~4계명이다.
이웃을 사랑하라는 계명은 5~10계명이다.

5) 이웃을 사랑하는 교회를 만들라

모든 성도에게 예수님이 가르쳐 주신 이웃을 사랑하라는 계명을 지키도록 훈련해야 한다.

(마 22:39-40) "[39] 둘째도 그와 같으니 네 이웃을 네 자신 같이 사랑하라 하셨으니 [40] 이 두 계명이 온 율법과 선지자의 강령이니라"

5~10계명은 이웃에게 아무 피해도, 부담도 주지 말라는 것이다. 그리고 '사랑하라'고 하셨으니 이웃에게 도움을 주는 말과 실제로 도움 주는 행동을 하라는 말씀이다. 이렇게 하여 율법을 완성하신 것이다.

구약의 십계명은 피해를 주지 말라는 것이고, 신약의 예수님의 큰 계명과 둘째 계명은 사랑하라는 것이니 가만히 있지 말고 도움을 주는 행동을 하라는 것이다. 그러니 율법이 완성된 것이다.

(롬 13:10) "사랑은 이웃에게 악을 행하지 아니하나니 그러므로 사랑은 율법의 완성이니라"

성도들이 서로 피해를 주지 않고 돕기만 하니 교회는 형제들의 모임과 같고 행복한 교회가 된다. 이 말씀을 자주, 여러 번 설교하여 귀에 박히게 해야 한다.

제9장
교회가 변질되지 않도록 하라

　교회가 세상에서 빛이 되고 소금이 되고 향기가 되어야 하는데, 세상의 풍습과 성공을 따라가다 보면 변질된다. 예수님이 오셨을 때 유대교가 변질되었고, 기독교도 초대교회는 인정받았으나 가톨릭교회가 되어 번성하면서 변질되었다. 그래서 개혁한다고 개신교가 만들어졌는데 수백 년이 지나면서 이 또한 변질되었다. 예수님의 말씀과 다르고 성경 말씀과 다른 교회의 형태가 만들어졌다.
　우리는 이것을 깨닫고 자신과 자신이 섬기는 교회는 변질되지 않도록 노력해야 한다.

1) 교회가 변질되는 이유
　첫 번째는 목회자가 성경에 나타난 정확한 하나님의 뜻을 모른다는 것이다.

두 번째는 신학교에서 성경을 잘못 가르치고 목회의 방법을 잘못 가르친다.

세 번째는 목회자가 성경 연구를 등한히 하고, 기도를 안 하고, 성령의 역사와 능력을 믿지 않고 오히려 비난하고 있다는 것이다.

네 번째는 목회자가 세상 사람들처럼 성공하기 위한 목회를 하여, 교회 건물이나 교인 숫자를 늘리는 것에 중점을 둔다는 것이다.

다섯 번째는 교회가 할 일을 성경과 다르게 한다는 것이다.

기도하여 성령을 받게 하고, 평신도 사역자를 훈련하고, 전도 훈련을 해야 하는데 이것보다는 다른 행사나 업무, 모임 등에 시간을 모두 사용하고 있다는 것이다. 기도 사역, 평신도 사역자를 세우는 훈련, 전도 훈련은 힘들다고 안 하고 다른 길로 간다는 것이다.

여섯 번째는 성도가 아무것도 모르니 담임 목회자만 보고 따라간다는 것이다.

이렇게 하여 교회가 성경에서 멀어져 사람의 모임이 되고 사람이 높임을 받고 사람이 칭송받는 곳이 되어 버렸다. 하나님의 뜻인 영혼 구원은 없고 사람만 모이는 곳이 되어 버렸다. 이것이 마귀의 미혹이라는 것을 알아야 한다.

이런 것을 알았으면 자신이 섬기는 교회를 말씀 중심의 교회, 성령의 역사로 하나님 보시기에 바른 교회로 만들어야 한다.

2) 예수님도 잘못된 교회를 요한계시록에서 지적하셨다

7교회 중 2교회는 칭찬받는 교회, 4교회는 책망과 칭찬을 받는 교회, 1교회는 죽은 교회라고 말씀하셨다.

지금도 마찬가지다. 내가 섬기는 교회는 칭찬받는 교회인가 점검해 보아야 한다. 혹시 책망받는 교회가 아닌지도 점검해 보아야 한다. 책망받는 교회는 회개하고 바르게 행하여 책망받지 않는 교회가 되어야 한다. 다음 말씀은 책망받은 라오디게아 교회에게 하신 말씀이다.

(계 3:19) "무릇 내가 사랑하는 자를 책망하여 징계하노니 그러므로 네가 열심을 내라 회개하라"

죽은 교회가 아닌지도 점검해 보아야 한다. 아직 기회가 있을 때 회개하고 영적으로 살려서 죽은 교회가 되지 않도록 해야 한다. 다음 말씀은 죽은 사데 교회에게 하신 말씀이다.

(계 3:3) "그러므로 네가 어떻게 받았으며 어떻게 들었는지 생각하고 지켜 회개하라 만일 일깨지 아니하면 내가 도둑 같이 이르리니 어느 때에 네게 이르는지 네가 알지 못하리라"

예수님은 성령이 교회에게 하는 소리를 들으라고 하셨다.
(계 3:22) "귀 있는 자는 성령이 교회들에게 하시는 말씀을 들을지어다"

3) 현대교회는 이것이 변질되었다
- 사람 중심과 사람이 받는 예배를 드린다.
- 잘못된 찬송가를 선택하여 부른다.
- 잘못된 기도를 한다. 즉, 자기 욕심을 채우는 기도를 한다.
- 잘못된 성경공부를 한다.
- 잘못된 모임을 갖는다.
- 성령의 역사가 없는 교회가 많다.
- 교회의 재정 사용에 문제가 많다.
- 교회 중진을 신앙을 보지 않고 돈을 보고 세운다.

4) 현대교회 변질의 원인 진단

목회자의 잘못이 가장 많다. 성경 말씀을 부분적으로 알고 있다. 그러니 분별력이 없다. 성경 전체를 알아야 하나님의 마음과 의도를 알 수 있다. 목회자는 창세기 1장에서 요한계시록 22장까지 매일 한 장씩 연구해서 하나님의 뜻과 계획을 깨달아야 한다. 그래야 분별력이 생겨 바르게 살 수 있다.

- 성경을 연구하지 않는다. 설교하기 위해서 부분적인 성경만 읽고 설교한다. 그러니 소경이 소경을 인도하는 꼴이 되는 것이다.
- 목회자가 책 속의 하나님은 알고 있는데 살아계신 하나님을 만나지 못했다. 즉 성령 충만하지 못하다.
- 신학교 교육이 잘못되었다. 신앙과 목회는 가르치지 않고 학문만 가르친다.
- 목회자가 자기 욕망과 욕심을 채운다.
- 하나님의 이름을 사용하며 마귀가 좋아하는 일을 한다.
- 처음에는 신실했는데 오랜 시간이 지나면서 변질된다.
- 욕심과 거짓과 속임이 타락하게 한다.
- 마귀의 정체와 속임수를 분별하지 못하고 속는다.

교회가 변질되지 않으려면 목회자가 변질되지 않아야 한다. 그렇게 하려면 목회자가 성경을 창세기부터 요한계시록까지 한 장씩 연구하여 하나님의 뜻을 정확히 파악하고 지켜야 한다.

그리고 교회의 본질을 지켜야 한다. 기도, 예배, 구원, 전도, 지도자 양육, 하나님 나라의 소망, 하나님 사랑과 이웃 사랑 등 교회의 본질을 지키고 변질되지 않도록 해야 하나님께 인정받고 상급을 받는다.

제10장
하나님이 싫어하시는 현대교회의 모습

· 예배를 잘못 드리는 교회
· 장사 소굴을 만든 교회
· 악령을 성령으로 알고 사역하는 교회
· 기도가 없는 교회
· 성령의 역사가 없는 교회
· 성경을 잘못 가르치는 교회
· 성도를 미혹하여 돈을 착취하는 교회
· 목회자를 하나님처럼 받드는 교회
· 목회자가 영광을 받는 교회
· 목회자 개인의 재산을 축적하는 교회
· 목회자가 타락한 교회
· 거짓 선지자가 인도하는 교회
· 불법을 행하는 교회

- 세습하는 교회
- 악을 행하는 교회
- 열매가 나쁜 교회
- 하나님께 책망받는 교회
- 죽은 교회
- 하나님 사랑을 안 하는 교회
- 이웃 사랑을 안 하는 교회
- 십계명을 지키지 않는 교회
- 교회를 커피점으로 만들어 커피 전도한다는 교회

제11장
하나님이 함께하는 교회와 함께하지 않는 교회

많은 교회에 하나님이 함께하지 않는다. 그런데 자신들은 모르고 있다. 성경에 하나님이 함께하지 않는 이유를 말씀하고 있다. 그 이유는 하나님의 계명을 지키지 않기 때문이다.

예수님은 '나의 계명을 지키는 자가 나를 사랑하는 자'라고 말씀하신다. 그러면서 '나의 말을 지키는 자와 함께한다'고 하시고, '나의 말을 지키지 않는 자는 하나님이 함께하지 않는다'고 말씀하신다.

(요 14:15,21,23,24) "[15] 너희가 나를 사랑하면 나의 계명을 지키리라
[21] 나의 계명을 지키는 자라야 나를 사랑하는 자니 나를 사랑하는 자는 내 아버지께 사랑을 받을 것이요 나도 그를 사랑하여 그에게 나를 나타내리라
[23] 예수께서 대답하여 이르시되 사람이 나를 사랑하면 내 말을 지키리니 내 아버지께서 그를 사랑하실 것이요 우리가 그에게 가서 거처를 그와 함께 하리라

[24] 나를 사랑하지 아니하는 자는 내 말을 지키지 아니하나니 너희가 듣는 말은 내 말이 아니요 나를 보내신 아버지의 말씀이니라"

예수님은 승천하시면서도 "가르쳐 지키게 하라."고 말씀하셨다. 예수님의 말씀을 지키는 자에게 함께하신다는 말씀이다. 반대로 해석하면 예수님의 말씀을 지키지 않는 자는 함께할 이유가 없다는 것이다.

(마 28:20) "내가 너희에게 분부한 모든 것을 가르쳐 지키게 하라 볼지어다 내가 세상 끝날까지 너희와 항상 함께 있으리라 하시니라"

하나님은 여호수아에게도 같은 말씀을 하셨다. 모세에게 준 계명과 율법을 지켜 행하면 어디로 가든지 하나님께서 함께하겠다고 말씀하셨다. 그러나 계명과 율법을 어기면 함께하지 않겠다는 말씀도 된다. 여호수아는 하나님의 이 언약의 말씀을 믿고 계명과 율법을 철저히 지켜, 그의 생애 전반에 하나님이 함께하셔서 가나안 부족을 물리쳤고 12지파에게 땅을 분배하고 복된 삶을 살았다.

(수 1:7-9) "[7] 오직 강하고 극히 담대하여 나의 종 모세가 네게 명령한 그 율법을 다 지켜 행하고 우로나 좌로나 치우치지 말라 그리하면 어디로 가든지 형통하리니

[8] 이 율법책을 네 입에서 떠나지 말게 하며 주야로 그것을 묵상하여 그 안에 기록된 대로 다 지켜 행하라 그리하면 네 길이 평탄하게 될 것이며 네가 형통하리라

[9] 내가 네게 명령한 것이 아니냐 강하고 담대하라 두려워하지 말며 놀라지 말라 네가 어디로 가든지 네 하나님 여호와가 너와 함께 하느니라 하시니라"

하나님은 성경에 등장한 모든 사람에게 같은 약속을 하신다. 계명을 철저히 지키는 사람에게는 언제나 함께하여 모든 일을 도와주셨다. 그러나 계명을 어기는 사람은 그 죗값으로 벌을 받았다.

솔로몬이 은혜가 충만할 때는 십계명을 지켰다. 그때는 하나님이 함께하셔서 그의 기도에 응답으로 지혜도 주시고 부귀영화도 주셨다. 성전도 건축하게 하시고 궁전도 건축하게 하시고 여러 성들을 건축하게 하시어 강대한 국가로 세워지도록 함께 하셨다.

그런데 늙어서 하나님의 말씀을 잊어버리고 계명을 어겨 우상숭배를 하였다. 하나님께서는 솔로몬에게 함께하지 않으시고 나라를 빼앗아 여로보암에게 주셨다.

(왕상 11:11-13) "[11] 여호와께서 솔로몬에게 말씀하시되 네게 이러한 일이 있었고 또 네가 내 언약과 내가 네게 명령한 법도를 지키지 아니하였으니 내가 반드시 이 나라를 네게서 빼앗아 네 신하에게 주리라
[12] 그러나 네 아버지 다윗을 위하여 네 세대에는 이 일을 행하지 아니하고 네 아들의 손에서 빼앗으려니와
[13] 오직 내가 이 나라를 다 빼앗지 아니하고 내 종 다윗과 내가 택한 예루살렘을 위하여 한 지파를 네 아들에게 주리라 하셨더라"

감독자 여로보암은 솔로몬의 죄로 인해 갑자기 10지파를 받아 북쪽 이스라엘의 왕이 되었다. 하나님은 여로보암에게 "다윗처럼 나의 계명과 율법을 지켜 행하면 너와 함께 있어 다윗을 위하여 세운 것 같이 너를 위하여 견고한 집을 세우고 이스라엘을 네게 주리라"라고 말씀하셨다.

(왕상 11:34-38) "[34] 그러나 내가 택한 내 종 다윗이 내 명령과 내 법도를 지켰으므로 내가 그를 위하여 솔로몬의 생전에는 온 나라를 그의 손에서 빼앗지 아니하고 주관하게 하려니와

[35] 내가 그의 아들의 손에서 나라를 빼앗아 그 열 지파를 네게 줄 것이요

[36] 그의 아들에게는 내가 한 지파를 주어서 내가 거기에 내 이름을 두고자 하여 택한 성읍 예루살렘에서 내 종 다윗이 항상 내 앞에 등불을 가지고 있게 하리라

[37] 내가 너를 취하리니 너는 네 마음에 원하는 대로 다스려 이스라엘 위에 왕이 되되

[38] 네가 만일 내가 명령한 모든 일에 순종하고 내 길로 행하며 내 눈에 합당한 일을 하며 내 종 다윗이 행함 같이 내 율례와 명령을 지키면 내가 너와 함께 있어 내가 다윗을 위하여 세운 것 같이 너를 위하여 견고한 집을 세우고 이스라엘을 네게 주리라"

그러나 여로보암은 하나님의 말씀을 듣고도 지키지 않고 자기 생각대로 자기 욕심을 채우기 위하여 벧엘과 단에 금송아지를 만들어 그것을 섬기게 하였다. 그래서 하나님은 여로보암과 함께하지 않으시고 그를 심판하셨다.

(왕상 14:6-12) "[6] 그가 문으로 들어올 때에 아히야가 그 발소리를 듣고 말하되 여로보암의 아내여 들어오라 네가 어찌하여 다른 사람인 체하느냐 내가 명령을 받아 흉한 일을 네게 전하리니

[7] 가서 여로보암에게 말하라 이스라엘의 하나님 여호와의 말씀이 내가 너를 백성 중에서 들어 내 백성 이스라엘의 주권자가 되게 하고

[8] 나라를 다윗의 집에서 찢어내어 네게 주었거늘 너는 내 종 다윗이 내 명령을 지켜 전심으로 나를 따르며 나 보기에 정직한 일만 행하였음과 같지 아니하고

[9] 네 이전 사람들보다도 더 악을 행하고 가서 너를 위하여 다른 신을

만들며 우상을 부어 만들어 나를 노엽게 하고 나를 네 등 뒤에 버렸도다
[10] 그러므로 내가 여로보암의 집에 재앙을 내려 여로보암에게 속한 사내는 이스라엘 가운데 매인 자나 놓인 자나 다 끊어 버리되 거름 더미를 쓸어 버림 같이 여로보암의 집을 말갛게 쓸어 버릴지라
[11] 여로보암에게 속한 자가 성읍에서 죽은즉 개가 먹고 들에서 죽은즉 공중의 새가 먹으리니 이는 여호와께서 말씀하셨음이라 하셨나니
[12] 너는 일어나 네 집으로 가라 네 발이 성읍에 들어갈 때에 그 아이가 죽을지라"

어느 시대나 계명을 지키는 자에게는 하나님이 함께하셨고 계명을 지키지 않는 자에게는 함께하지 않으셨다.

지금도 하나님은 동일하게 일하신다. 그런데 수많은 교회가 '계명은 율법'이라고 하고, 지금은 은혜 시대고 율법 시대는 지나갔다고 말하면서 계명을 지키지 않는다. 그러면 그 교회에 하나님은 함께하지 않으신다. 계명을 지키지 않는 목회자와 성도에게도 함께하지 않으신다. 이 사실을 알았으면 좋겠다.

예수님은 율법의 일점일획도 없어지지 않는다고 말씀하셨다.
(마 5:18) "진실로 너희에게 이르노니 천지가 없어지기 전에는 율법의 일점 일획이라도 반드시 없어지지 아니하고 다 이루리라"

또 예수님은 율법을 완성하러 오셨다고 하셨다.
(마 5:17) "내가 율법이나 선지자나 폐하러 온 줄로 생각지 말라 폐하러 온 것이 아니요 완전케 하려 함이로다"

제12장
목사를 우상화하지 말라

목회자가 우상이 되면 안 된다.

첫째, 큰 교회 목회자를 하나님처럼 섬기라고 하며 우상화한다.

둘째, 목회자 자신이 대단한 존재인 것처럼 말하고 행동하여 우상화한다.

셋째, 작은 교회 목회자도 '하나님이 기름 부은 종'이라고 하며 자신을 높이고, 성도에게 특별한 대접을 바라기도 하고 군림하려고 한다.

넷째, 목사는 '영의 아버지'라고 하고, 사모는 '영의 어머니'라고 하여 우상화한다.

이러한 것들이 목회자를 우상화하는 것이다. 이것은 제2계명을 어기는 것이고 하나님께 죄가 되고 마귀에게 속는 것이다.

(출 20:4-6) "[4] 너를 위하여 새긴 우상을 만들지 말고 또 위로 하늘에 있는 것이나 아래로 땅에 있는 것이나 땅 아래 물 속에 있는 것의 어떤 형상도 만들지 말며

[5] 그것들에게 절하지 말며 그것들을 섬기지 말라 나 네 하나님 여호와

는 질투하는 하나님인즉 나를 미워하는 자의 죄를 갚되 아버지로부터 아들에게로 삼사 대까지 이르게 하거니와

[6] 나를 사랑하고 내 계명을 지키는 자에게는 천 대까지 은혜를 베푸느니라"

자신을 우상시하는 사람은 하나님이 말씀하신 대로 삼사 대까지 저주받는다. 이 무서운 죄를 범하면서도 모르고 있으니 안타까운 일이다.

목회자를 우상시하지 않을 방법이 있다.

예수님의 가르침 대로 행하면 된다.

(요 14:23-24) "[23] 예수께서 대답하여 이르시되 사람이 나를 사랑하면 내 말을 지키리니 내 아버지께서 그를 사랑하실 것이요 우리가 그에게 가서 거처를 그와 함께 하리라

[24] 나를 사랑하지 아니하는 자는 내 말을 지키지 아니하나니 너희가 듣는 말은 내 말이 아니요 나를 보내신 아버지의 말씀이니라"

이 말씀은 예수님의 말씀을 깨닫고 지키면 하나님께 사랑받고 하나님이 함께해 주신다는 것이다.

만약 지키지 않으면 하나님 아버지의 말씀을 지키지 않았으니, 사랑도 못 받고 하나님이 함께하지도 않으신다는 말씀이다.

「우상이 안 되는 방법」

예수님이 제자들에게 가르쳐 주신 말씀이 진리이다.

하나님이신 예수님께서 종의 형체로 낮아지셔서 사람들을 섬기는 본을 보이셨다. 목회자도 예수님처럼 행하면 된다. 스스로 종이 되어 성도를 섬기면 된다.

첫째는 스스로 종으로 낮아지라.

둘째는 영광이나 박수받지 말고 하나님만 받으시게 하라.

셋째는 받는 자가 되지 말고 주고 섬기는 자가 되어라.

예수님의 가르침을 실천하라. 그래야 우상이 되지 않고 하나님의 종이 된다.

'낮아지라, 섬기라, 돕는 자가 되어라, 주라, 대접하라, 사랑하라, 종이 되어라.' 하셨다.

대접받으려 하지 말고 대접하면 된다. 밥도 사주고 커피도 사주고 선물도 주고 어려운 가정을 도와주면 섬기는 종이 되는 것이다. 그리고 잘한 것이 있으면 자신이 칭찬과 영광을 받지 말고 오직 하나님께 영광을 돌려야 한다.

(마 6:13) "나라와 권세와 영광이 아버지께 영원히 있사옵나이다 아멘" 하신 말씀처럼 영광을 하나님께 돌려야 한다.

사람들에게 많은 사랑과 칭찬과 존경을 받을 때 낮아져서 종처럼 말하고 섬기는 자가 되는 것이 자신이 우상이 되지 않고 예수님 말씀대로 사는 것이다.

예수님은 이런 사람을 사랑하시고 그와 함께하시고, 그가 예수님 안에 예수님이 그 안에 거하시는 것이다.

(요 14:20) "그 날에는 내가 아버지 안에, 너희가 내 안에, 내가 너희 안에 있는 것을 너희가 알리라"

성도들에게 사랑과 존경은 받지만 스스로 낮아져서 종이 되었으니, 우상은 되지 않고 참된 종이 되는 것이다.

이것이 진정으로 예수님께서 원하는 제자의 길이고 목회자상이다.

제13장
교회 직분자를 세우는 것

자격이 안 되는 자는 중진으로 세우지 말라.

목회자가 인정상 교회에 오래 나왔다고 세우고, 자기에게 잘했다고 세우는 등 성품과 신앙이 본이 안 되는 사람을 세워서 교회가 어려움 당하고, 교회가 분열되기도 하고, 심하게는 목회자가 그 사람에게 쫓겨 나가는 것도 보았다.

성경의 기준을 철저하게 가르치고 공고하고 실천하라. 목사, 장로, 안수집사, 권사, 서리집사를 세울 때 성경적인 기준을 정하고 그 기준대로 임명하라.

교회 직분자는 많이 세우는 것이 중요하지 않다. 교회가 하나님 보시기에 바른 것이 좋다. 하나님 보시기에 자격이 안 되는 사람들이 하나님의 종이 되고 교회 중진이 됨으로써, 교회가 세상처럼 분쟁과 다툼의 장소가 되었고, 하나님께 책망받고 사람들에게도 책망받는 곳이 되었다. 이것은 모두 목회자의 책임이며 죄다.

목회자 성경적 기준에 적합한 사람을 신학교에 보내고 안수를 주거나 교회로 청빙해야 한다.

성경이 말하는 목회자의 기준이 있다. 이렇게 살지 않는 사람은 세우지 말라고 하신다. 이 말씀을 읽고 말씀대로 살지 못하는 목회자가 있다면 회개하고 자격을 갖춘 목회자가 되어야 하나님께 책망받지 않고 복을 받아 교회가 성장한다.

(딤전 3:2-7) "[2] 그러므로 감독은 책망할 것이 없으며 한 아내의 남편이 되며 절제하며 신중하며 단정하며 나그네를 대접하며 가르치기를 잘하며

[3] 술을 즐기지 아니하며 구타하지 아니하며 오직 관용하며 다투지 아니하며 돈을 사랑하지 아니하며

[4] 자기 집을 잘 다스려 자녀들로 모든 공손함으로 복종하게 하는 자라야 할지며

[5] (사람이 자기 집을 다스릴 줄 알지 못하면 어찌 하나님의 교회를 돌보리요)

[6] 새로 입교한 자도 말지니 교만하여져서 마귀를 정죄하는 그 정죄에 빠질까 함이요

[7] 또한 외인에게서도 선한 증거를 얻은 자라야 할지니 비방과 마귀의 올무에 빠질까 염려하라"

안수집사 선발 기준이 있다. 교회 중진을 세울 때 성경의 기준으로 점검하여 세워야 한다. 그러면 교회가 은혜롭게 성장한다. 자격이 미달된 사람들을 세우니 일은 하지 않고 불만, 불평만 하고 교회를 파괴시킨다. 임명은 받았는데 자격 미달이라면 특별기도를 해서라도 자격 조건을 전부 채워야 하나님께 인정받고 복도 받는다. 자격 미달인 상태로 계속 신앙생활

하면 하나님께 인정받지 못하므로 책망받고 벌 받는다.

(행 6:3) "형제들아 너희 가운데서 성령과 지혜가 충만하여 칭찬 받는 사람 일곱을 택하라 우리가 이 일을 그들에게 맡기고"

바울 사도가 디모데 감독에게 교회 집사나 권사를 세울 때 아무나 세우지 말고, 이러한 성경 기준으로 시험해 본 후에 세우라고 하였다. 우리는 하나님 말씀대로 살아야 한다. 그렇지 않으면 책망받고 벌 받는다.

(딤전 3:8-13) "[8] 이와 같이 집사들도 정중하고 일구이언을 하지 아니하고 술에 인박히지 아니하고 더러운 이를 탐하지 아니하고
[9] 깨끗한 양심에 믿음의 비밀을 가진 자라야 할지니
[10] 이에 이 사람들을 먼저 시험하여 보고 그 후에 책망할 것이 없으면 집사의 직분을 맡게 할 것이요
[11] 여자들도 이와 같이 정숙하고 모함하지 아니하며 절제하며 모든 일에 충성된 자라야 할지니라
[12] 집사들은 한 아내의 남편이 되어 자녀와 자기 집을 잘 다스리는 자일지니
[13] 집사의 직분을 잘한 자들은 아름다운 지위와 그리스도 예수 안에 있는 믿음에 큰 담력을 얻느니라"

「참고 사항」

우리 교회는 제직 선발 기준을 정하여 시행 투표 두 달 전에 교회 게시판에 붙이고, 각 교구장을 통하여 기준에 적합한 사람을 추천하게 한다. 그리고 당회에서 심사하고 무기명 투표를 하여 2/3표를 얻어야 공동의회 투표에 붙인다. 그리고 공동의회에서 2/3표를 받아야 당선이 된다. 이렇게 공개적으로 투명하게 하므로 아무도 항변하지 않고 자신의 신앙을 높이려고 한다.

여기에 담임목사의 영향력이나 당회원의 영향력은 없다. 오직 하나님께 맡긴다.

<오병이어교회 임명 규칙>

1. **학습**
   기초반 기도학교, 예수님 기도법
   초급반 인간의 삶, 새로운 삶, 새가족학교를 마친 분

2. **세례**
   초급반 제자의 삶, 축복의 삶, 전인치유학교를 마친 분

3. **교회 모든 직분은 세례교인이 되어야 받을 수 있음**
   세례교인이 아닌 분은 아무것도 맡을 수 없음

4. **교회학교 교사(교사도 목자다)**
   십자가의 길 초급반 과정을 마친 분

5. **성가대원, 찬양단원**
   1) 세례교인 이상
   2) 주일 예배를 철저히 드리는 분
   3) 위의 세례 과정을 마친 분

6. **권찰 임명 규칙**
   1) 세례 과정을 마치고 사역을 못 하는 분
   2) 타 교회에서 권찰 임명을 받은 자로서 세례 과정을 마친 분

7. **협동 직분에 관한 규정**
   1) 협동 집사
   타 교회에서 임명받은 자로서 양육 세례 과정을 마친 분
   (십자가의 길 양육 시스템 초급반 과정을 이수한 분)

2) 협동 장로·안수집사·권사
   타 교회에서 임명받은 자로서 서리집사 임명 규칙을 지키고 중급반 과정을 이수한 분
3) 협동 전도사나 협동 목사 추천
   타 교단에서 임명받은 자로서 서리집사 임명 규칙을 지키고 중급반 과정을 이수한 분

8. 서리집사 임명 규칙
   1) 기초반과 초급반 과정을 모두 마친 분
   2) 십일조 생활을 지속적으로 1년 이상 한 분
   3) 주초와 노름 및 카바레와 간음죄에 해당되지 않는 분
   4) 주일 예배를 빠지지 않고 참석하는 분
   5) 타 교회에서 집사 임명받은 자로서 위 사항에 합당한 분

9. 목자 및 목자집사 임명 규칙
   1) 목장을 맡아 3인 이상 목자 사역을 하는 분
   2) 십일조 생활을 지속적으로 1년 이상 한 분
   3) 주초와 노름 및 카바레와 간음죄에 해당되지 않는 분
   4) 위의 1~8번을 철저히 지키는 분
   5) 목자집사를 사직하면 신앙에 따라 서리집사나 협동 집사로 되돌아감

10. 사역 장로·안수집사·권사 임명 규칙
    1) 목장을 5개 이상 번식한 분
    2) 새벽기도와 철야기도하는 분
    3) 교사, 차량 봉사위원, 제직회 국장, 목자, 전도특공대 등 교회 봉사 활동을 2년 이상 한 분
    4) 서리집사 규정에 합당한 분

5) 중급반 이수한 분

11. **지역장 임명**
    1) 목장을 10개 이상 번식한 분
    2) 교구장이 추천하여 당회장이 임명한 분
    3) 예비 교구장도 할 수 있음

12. **교구장 임명**
    목장을 20개 이상 번식한 분

13. **전도사 임명**
    1) 교구를 번식시킨 분
    2) 남성도 임명함

14. **목장 운영위원회 모임**
    목자, 조장, 지역장, 교구장이 참석하는 모임

15. **임직 권사·안수집사·장로 임명**
    1) 중급반 이수한 분
    2) 신앙생활의 본이 되는 분
    3) 하나님께 헌신하고 충성스러운 분
    4) 교회 중진 직분 규칙에 합당한 분

16. 남자 청년과 장년도 교구장이 될 수 있음
    여자 청년과 장년도 교구장이 될 수 있음

- 참고 -

1. 위의 사항들은, 타 교회는 어떻게 하든지 오병이어교회는 하나님 앞에 최선을 다하고 헌신하기 위한 규칙입니다.
2. 오병이어교회는 진정으로 일꾼들이 일하기를 바라고 있습니다. 임명에 불만을 품어 시험드는 성도가 없기를 바랍니다.
3. 하나님 앞에서 책망을 받지 아니하려면 모든 직분을 하나님께서 직접 주신 것으로 알고 충성해야 합니다. 만약 부득이한 사정으로 생활이 합당하지 못하거나 교회에서 준 직분을 감당치 못할 사유가 생기면 자진 사직을 했다가 다음에 성실하게 감당할 수 있을 때 다시 일하는 것이 신앙 양심의 도리입니다.
4. 그렇게 해야 오병이어교회 가족들과 직분자들이 하나님께 하늘의 상급과 땅의 복을 받습니다. 직분을 맡아 놓고 사명 감당하지 않으면 하나님께 책망과 벌을 받을 수도 있다는 것을 명심해야 합니다.

위에 기록된 조건들을 갖추어야 임명합니다.
오병이어교회 당회장

〈2024년 오병이어교회 중진 후보자 선정 규정〉

1. 교구장은 아래와 같은 과정을 이수하고 신앙생활하는 것을 확인 후 추천해야 한다.
2. 당회장은 교구장이 추천한 것을 받아 검토 후 당회에 올리고, 당회에서 무기명 투표를 하여 2/3표를 받아야 공동의회 중진 후보로 올라간다. 여기에는 목사나 장로의 개인 영향력이 없고 당회원의 개인 신앙으로 투표한다.

1항 중진 선출 기본 자격

1) 주일 성수 및 모든 공식 예배 참석 여부(주일 낮, 저녁, 수요일)
2) 십자가의 길 초급, 중급 과정을 마친 분
3) 주초와 노름 금지(만 3년 이상 금한 분)
4) 새벽기도회, 금요철야기도회 참석(만 3년 동안 1/2 이상 참석, 먼 거리는 영상으로 참여도 인정)
5) 온전한 십일조, 건축헌금, 선교헌금, 전도헌금, 기관 찬조 등을 만 3년 이상 한 분
6) 목자, 교사, 차량 및 주차 봉사위원, 제직회 국장, 전도 대원, 성가대, 봉사활동을 3년 이상 한 분
7) 개인의 신앙생활을 중점으로 봄
8) 교회에 불만, 불평 안 하는 분
9) 금전 거래가 깨끗하며 신뢰가 있는 분
10) 타 교회 중진 임직자는 등록 후 위의 과정을 준수한 분

2항 안수집사, 권사, 후보자 선정 규정
　　1) 안수집사 후보는 만 30세 이상 75세 이하, 우리교회 서리집사 임명 후 만 3년 이상인 분
　　2) 권사 후보는 만 40세 이상, 우리교회 서리집사 임명 후 만 3년 이상인 분
　　3) 타 교회 안수집사, 권사 임직자도 위의 1항 규정을 지키고 1년 이상인 분

3항 시무 장로 후보자 선정 규정
　　1) 안수집사 규정을 지키는 분
　　2) 안수집사 임직 후 만 3년 이상, 만 50세 이상 75세 이하인 분
　　3) 리더십이 있고 맡겨진 사명과 직무를 관리, 감독, 발전시킬 지적 수준이 있는 분
　　4) 신앙과 가정과 사회생활에 본이 되는 위치에 있는 분
　　5) 몸과 물질을 하나님께 드리며, 각 기관과 교회의 행사에 찬조하는 분
　　6) 성도에게 사랑과 칭찬과 존경을 받는 분
　　7) 타 교회 장로 임직자는 위의 1항, 3항을 준수하고 1년 이상인 분

4항 명예 안수집사·권사·장로 선정 규정(선거 없음)
　　1) 교회 등록한 지 만 15년 이상인 분
　　2) 1항과 2항 자격을 갖춘 분
　　3) 교회 헌신(전도, 헌금, 봉사)이 있는 분
　　'명예'라 함은 신앙생활을 열심히 하여 교회에 공을 세운 분 및 70세가 넘도록 헌신한 분에게, 그 공로를 인정하여 특별하게 주는 직분이다.

5항 협동 안수집사·권사·장로 선정 규정(선거 없음)
    1) 교회 등록하여 만 1년 이상 출석하는 분
    2) 1항과 2항 중진 기본 자격을 갖춘 분
    3) 교회에 충성과 헌신이 있는 분

6항 선거 절차
    1) 규정에 의한 각 교구장 추천
    2) 당회장이 검토 후 당회에 추천
    3) 당회 심사 후 당회원 2/3 이상의 찬성을 받은 분
    4) 공동의회 2/3 이상의 찬성으로 확정
    5) 교회 중진 교육 후 임직

오병이어교회 당회장

- 한국교회 참고사항 -

1. 영력, 지력, 체력, 인성이 미달인 사람이 목회자가 되어 목회하기 때문에 교회가 사고가 많이 생기고 엉뚱한 방향으로 운영되어 교회 문제와 사회 문제를 일으킨다.
2. 교인들이 교회를 안 가려는 이유는 첫째가 목사, 전도사, 선교사 때문이다. 둘째는 장로, 안수집사, 권사, 집사 때문이다.
3. 목사, 전도사, 선교사의 실수나 악행, 그리고 죄 때문에 교회에 시험이 오고 교인들이 시험든다. 구체적으로 설교 못 하는 것, 성경과 불일치하는 것, 돈 문제, 성품 문제, 비인격의 문제, 언어 문제, 이성 문제, 헌금 관리, 돈 욕심, 거짓말, 폭언, 포악한 성품, 무식함, 상식 부족, 지식 부족, 언행의 불일치, 권위주의 등이다.
4. 장로, 안수집사, 권사, 집사도 신앙의 부족, 인격의 부족, 돈 문제, 성품의 문제, 권위주의, 지식 부족, 이성 문제, 헌금 문제, 상식 부족 등으로 성도들이 시험들어 교회를 떠난다.
5. 한국교회가 문제가 되는 것은 자격이 부족한 사람들을 교회 일꾼으로 임명하여 사용함으로써 그들이 많은 문제를 일으키기 때문이다.

제14장
한국교회를 살리는 방법

첫째, 목회자가 성경 말씀대로 바르게 살아야 한다.

둘째, 살아계신 하나님을 만나야 한다.
성경책 속에 계신 하나님만 전하지 말고 현재 살아계신 하나님을 경험한 것을 전하라.

셋째, 하나님을 만나서 성령 충만을 받아야 한다.
살아계신 하나님을 만나는 것이 거룩한 성령 하나님을 만나서 경험을 하는 것이다. 성령 충만하려면 많은 기도를 해야 한다. 교회 강단 위에서 매일 기도하면 받는다. 바르게 살면서 기도해야 거룩한 영이신 성령 하나님이 오신다. 불의를 행하면서 기도하면 악령이 성령을 가장하여 임한다. 성령의 인도를 받지 못하는 목회자가 많다.

넷째, 목회자는 첫 번째는 영력, 두 번째는 지력, 세 번째는 체력을 갖추어야 한다.

지력을 갖추려면 책을 2,000권 이상 읽어라. 그리고 목회 세미나, 성경 세미나, 설교 세미나, 전도 세미나, 기도 세미나에 가서 배워라. 지식이 짧으면 생각하는 폭이 좁다. 단어 사용도 마찬가지다. 그러므로 많은 책을 읽고 연구해야 한다. 목회자는 교인들보다 더 많이 알아야 한다.

성경 말씀을 깨닫고 자신부터 실천하고 가정에서 가족에게 실천하여 본을 보여야 한다. 그리고 교인들에게도 똑같이 해야 하나님께 인정받고 성도에게도 인정받는다. 어떤 목회자는 교회에서는 천사처럼 말하고 행동하는데 가정에서 이기적인 성품, 과격한 언어 폭력, 불친절, 사모를 구박하는 행동을 한다. 본이 되지 않는 이 사실을 알게 되면 교인들이 교회를 떠난다.

다섯째, 설교를 하나님 말씀 중심으로 잘해야 한다.

목회자를 처음으로 알 수 있는 것이 설교다. 설교를 못하면 아무것도 안 된다. 목회자는 설교를 잘하기 위하여 많이 연구하고 노력하며 설교 잘하는 은사를 달라고 기도해야 한다.

성도는 목회자의 설교를 듣고 설교가 은혜로운지, 성경적인지, 감동이 있는지, 귀에 쏙 들어오는지, 성령의 역사가 있는지, 깨닫는 것이 있는지, 배울 것이 있는지, 호소력이 있는지, 설득력은 있는지, 논리적인지, 언변은 좋은지 등 많은 것을 분석한다. 그러므로 혼신을 다해 준비해야 하고 전달해야 한다. 목회자는 사람을 설교로 사로잡아야 한다.

참고로 악령에게 속아서 목회하는 사람들이 많다. 일부는 성령 하나님이 사용하시려고 부른 분도 있다.

1) 예언 기도로 주의 종이 되라는 예언을 받은 사람 중에 악령에게 속은 사람이 많다.
2) 인생에 실패하여 신학을 한 사람 중에 악령에게 속은 사람이 많다.
3) 부모가 서원하거나 가라고 하여 목회자의 길을 간 사람 중에 악령에게 속은 사람이 많다.
4) 자기가 기도하다가 주의 종이 되라고 한 사람 중에 악령에게 속은 사람이 많다.

이런 사람들이 살 수 있는 길은 자기 죄를 회개하여 고치고, 하나님이 성령의 은사와 능력을 주실 때까지 강단에서 간절히 기도하는 것이다.

(행 2:38) "베드로가 이르되 너희가 회개하여 각각 예수 그리스도의 이름으로 세례를 받고 죄 사함을 받으라 그리하면 성령의 선물을 받으리니"

초대교회의 제자들과 성도들도 마가의 다락방에서 성령의 역사를 경험할 때까지 기도했다. 그렇게 해야 한다.

죽기를 각오하고 기도했는데 성령 충만과 은사와 능력이 임하지 않으면 목회를 내려놓고 평신도로 충성하라. 그래야 죄를 적게 짓고 구원받을 수도 있다. 하나님이 사용하실 계획이 없는데 목회하면서 잘못 가르쳐 다른 영혼을 죽이면 그 죗값이 커서 본인도 죽고, 본인의 영향을 받아 잘못된 신앙생활을 하는 가족도 죽고, 다른 영혼도 죽이는 비참한 결과를 만들므로 영벌 받는다.

(마 18:6-7) "[6] 누구든지 나를 믿는 이 작은 자 중 하나를 실족하게 하면 차라리 연자 맷돌이 그 목에 달려서 깊은 바다에 빠뜨려지는 것이 나으니라 [7] 실족하게 하는 일들이 있음으로 말미암아 세상에 화가 있도

다 실족하게 하는 일이 없을 수는 없으나 실족하게 하는 그 사람에게는 화가 있도다"

기도하는 목회자가 되라. 하나님이 보고 계시고 성도들도 보고 있다. 기도하되 바르고 참된 말과 의로운 행동만 하라. 기도한다고 하면서 거짓말하고, 돈에 욕심부리고 명예에 욕심부리고, 거짓된 예언을 한다면 마귀 역사다. 결국은 하나님의 심판을 받는다.

목회자는 자신을 위해 사는 것이 아니라 오직 예수 그리스도를 위해 사는 것이다.

(고후 5:15) "그가 모든 사람을 대신하여 죽으심은 살아 있는 자들로 하여금 다시는 그들 자신을 위하여 살지 않고 오직 그들을 대신하여 죽었다가 다시 살아나신 이를 위하여 살게 하려 함이라"

(갈 2:20) "내가 그리스도와 함께 십자가에 못 박혔나니 그런즉 이제는 내가 사는 것이 아니요 오직 내 안에 그리스도께서 사시는 것이라 이제 내가 육체 가운데 사는 것은 나를 사랑하사 나를 위하여 자기 자신을 버리신 하나님의 아들을 믿는 믿음 안에서 사는 것이라"

2부

하나님이 받으시는 예배

제1장 예배의 정의

제2장 변질된 예배

제3장 예수님의 제자가 되는 성경 말씀

제4장 현대교회의 변질된 예배 내용

제5장 하나님께서 받으시는 예배

제6장 예배의 변천

제7장 신약시대 바른 예배

제8장 바른 예배 순서

제9장 예배와 은혜

제10장 예배의 중요성

제11장 여러 사람의 예배 정의

제12장 한국교회는 개혁해야 한다

제13장 경배와 찬양의 장단점

제1장
예배의 정의

1) 사전적 의미

예배(禮拜)의 뜻
① 개신교에서 성경을 읽고 기도와 찬송으로 하나님에 대한 존경과 숭배를 나타내는 의식.
② 거룩하고 성스러운 대상에 대하여 존경하는 뜻을 가지고 절을 함.

2) 예수님이 하신 말씀

(요 4:24) "하나님은 영이시니 예배하는 자가 영과 진리로 예배할지니라"
영은(헬라어 πνεῦμα) 프뉴마(pneuma)이다. 해석은 바람, 호흡, 생명, 영, 성령으로 해석한다.
진리는(헬라어 ἀλήθεια) 알레데이아(ale-theia)이다. 해석은 진리로 한다.

3) 영과 진리 해석

첫 번째는 자신의 영으로 말씀 안에서 하나님을 경배하는 것이다.
두 번째는 성령과 그리스도와 함께 하나님을 경외하는 것이다.

「예배드리는 이유」

예배란 죄인을 구원해 주신 은혜에 감사하여 하나님을 사랑하고 감사하는 마음으로 드리고 경배하고 경외하는 행위이다.

요한계시록 5장에서 하늘 하나님 보좌에서 네 생물과 이십사 장로들이 하나님을 경배하는 모습을 볼 수 있다. 그러한 경배가 하나님이 받으시는 참된 예배이다.

(계 5:11-14) "[11] 내가 또 보고 들으매 보좌와 생물들과 장로들을 둘러 선 많은 천사의 음성이 있으니 그 수가 만만이요 천천이라
[12] 큰 음성으로 이르되 죽임을 당하신 어린 양은 능력과 부와 지혜와 힘과 존귀와 영광과 찬송을 받으시기에 합당하도다 하더라
[13] 내가 또 들으니 하늘 위에와 땅 위에와 땅 아래와 바다 위에와 또 그 가운데 모든 피조물이 이르되 보좌에 앉으신 이와 어린 양에게 찬송과 존귀와 영광과 권능을 세세토록 돌릴지어다 하니
[14] 네 생물이 이르되 아멘 하고 장로들은 엎드려 경배하더라"

예배는 천지를 창조하신 하나님을 사랑하는 마음과 감사하는 마음으로 경외하는 것이다. 이유는 하나님은 거룩하신 창조주이시고 사람은 피조물이기 때문에 창조주를 경외하고 경배하는 것이다.

그리고 하나님의 피조물인 사람이 영벌 받을 죄를 지었는데 그들을 사랑하셔서 버리지 않으시고, 그들의 죄를 용서하시려고 친히 사람으로 오

서서 십자가 위에서 그 죗값을 치러 주셨다. 이것을 믿는 자들에게는 영생을 주어 하나님 나라에 들어와 하나님의 자녀로 영원토록 살게 해주시니, 그 은혜가 너무 커서 전심으로 찬양과 경배와 영광을 돌리는 것이다.

이런 것을 알고 있는 네 생물과 이십사 장로와 하늘의 천군 천사들이 경배하고, 구원받은 수많은 성도가 하나님을 경배하며 찬양과 영광을 돌리는 것이다. 그러므로 영과 진리로 예배하는 것이 합당하다.

땅에서 예배드리는 시간에도 장소와 상관없이 거룩하고 경건하게 하나님을 경외하는 마음으로 드려야 한다. 그러므로 사람은 절대 예배를 받아도 안 되고, 예배 시간에 박수를 받는다거나 칭찬을 받는다거나 하면 안 된다. 예배 순서가 잘못되거나 예배를 불경건하게 드리면 안 된다. 예배를 잘못 드리는 것은 가인이 지은 것과 같은 죄를 지은 것이다.

예배 시간 외에 성경공부나 행사, 2부 광고 때는 박수도 칭찬도 가능하다. 하지만 예배 시간만큼은 하나님께만 영광을 드리는 것이 맞다.

제2장
변질된 예배

　교회가 오랫동안 예배드리며 예배 순서를 개인 마음대로 바꾸기 시작하면서 변질되었다. 그래서 예배는 드리는데 하나님이 받지 않는 예배가 되었다. 그런데 많은 성직자와 성도들은 이렇게 변질된 것을 알지 못하고 있다. 그들은 성경을 잘 모를뿐더러 성령 받는 경험을 하지 않았다.

　어떤 사람은 능력 받았다고 하면서 더 엉망으로 예배를 드린다. 하나님을 안다고 하는데 실제로는 모른다.

　예수님의 말씀과 같이, 바리새인과 서기관들처럼 소경된 인도자들이 되어 자신도 영벌 받는 곳으로 가고 따르는 성도들도 영벌 받는 곳으로 인도한다.

　(마 23:15-16) "[15] 화 있을진저 외식하는 서기관들과 바리새인들이여 너희는 교인 한 사람을 얻기 위하여 바다와 육지를 두루 다니다가 생기면 너희보다 배나 더 지옥 자식이 되게 하는도다 [16] 화 있을진저 눈먼 인도자여 너희가 말하되 누구든지 성전으로 맹세하면 아무 일 없거

니와 성전의 금으로 맹세하면 지킬지라 하는도다"

예배가 변질된 원인은 목회자들의 타락이다.

1) 자신을 영의 아버지라고 한다

목회자가 하나님 자리에 앉아있다. 그런데 그것을 모르고 사용한다. 그리고 성도에게 자신을 영의 아버지로 섬기라고 말한다. 영의 아버지라는 뜻도 모르는 무지한 목회자들이 많다. 그래서 소경된 인도자가 되는 것이다. 영의 아버지는 영을 창조하신 하나님 아버지 한 분뿐이다.

2) 자신을 하나님의 사자라며 높아져 있다

목회자가 되면 특별한 존재인 것처럼 착각하고 높임 받으려 한다. 예수님의 말씀과 같다. 모세의 자리에 앉아있다.

(마 23:1-7) "[1] 이에 예수께서 무리와 제자들에게 말씀하여 이르시되
[2] 서기관들과 바리새인들이 모세의 자리에 앉았으니
[3] 그러므로 무엇이든지 그들이 말하는 바는 행하고 지키되 그들이 하는 행위는 본받지 말라 그들은 말만 하고 행하지 아니하며
[4] 또 무거운 짐을 묶어 사람의 어깨에 지우되 자기는 이것을 한 손가락으로도 움직이려 하지 아니하며
[5] 그들의 모든 행위를 사람에게 보이고자 하나니 곧 그 경문 띠를 넓게 하며 옷 술을 길게 하고
[6] 잔치의 윗자리와 회당의 높은 자리와
[7] 시장에서 문안받는 것과 사람에게 랍비라 칭함을 받는 것을 좋아하느니라"

3) 목회자의 교만과 자만이다

　목회자가 잘나서 목회자가 된 것이 아니다. 죄인 중의 괴수를 불러서 은혜 주시고 목회자가 되게 하신 것이다. 이것을 진심으로 깨달았다면 바울처럼 겸손하게 낮아지고 섬기는 자가 되어야 한다. 그런데 잘못 배워서 교만하고 오만하고 거만하고 자만하고, 특별대접 받으려 하고 섬기지 않고 섬김을 받으려 한다. 자기에게 잘못 대하면 저주받는다 말하고, 자기에게 축복과 저주권이 있다며 성도들을 협박한다. 하나님의 이름을 팔아 기도해 준다며 성도의 돈을 갈취한다.

　이렇게 타락해 있으니 예배가 정상적으로 하나님을 경배하지 못한다. 목사나 특정인을 높이고 서로 박수받고 그들이 영광을 받는 자리가 되는 것이다. 그래서 그런 사람들을 예수님이 책망하셨다. 그들에게 내려진 죗값은 영벌이다.

　예수님이 말씀하신다.

　(마 23:8-13) "[8] 그러나 너희는 랍비라 칭함을 받지 말라 너희 선생은 하나요 너희는 다 형제니라

　[9] 땅에 있는 자를 아버지라 하지 말라 너희의 아버지는 한 분이시니 곧 하늘에 계신 이시니라

　[10] 또한 지도자라 칭함을 받지 말라 너희의 지도자는 한 분이시니 곧 그리스도시니라

　[11] 너희 중에 큰 자는 너희를 섬기는 자가 되어야 하리라

　[12] 누구든지 자기를 높이는 자는 낮아지고 누구든지 자기를 낮추는 자는 높아지리라

　[13] 화 있을진저 외식하는 서기관들과 바리새인들이여 너희는 천국 문을 사람들 앞에서 닫고 너희도 들어가지 않고 들어가려 하는 자도 들어

가지 못하게 하는도다"

목회자가 이 말씀에 걸리면 영벌 받는 곳으로 간다. 이런데도 높아지려 하고 예배 시간에 박수를 받겠는가?

「잘못된 박수」

너무나 많은 교회에서 예배드린다고 하면서 사람이 박수받고 영광을 받게 한다. 생각해 보라. 예배는 하나님을 경외하고 경배하는 것인데 사람이 박수받는 것이 옳은 것인가?

박수받으려고 설교하는가?

박수받으려고 특송하는가?

요한계시록 4장은 하나님 보좌에서 예배드리는 모습이다. 네 생물과 이십사 장로들의 예배드리는 모습이 보이지 않는가? 그들이 박수받는가? 그들이 거기서 박수받으면 어떻게 되겠는가?

모든 사람이 죄인 중에 괴수다. 그런 죄인에게 은혜 주셔서 죄사함을 받게 해 주시고, 하나님 나라의 일꾼으로 사용해 주신 은혜를 생각할 때 더 없이 감사한 일이다. 게다가 우리는 하나님을 믿으면서도 죄를 범하는데 회개하면 용서해 주시고, 죄를 범하는 사람에게 벌을 주지 않으시고 현재 써주시는 은혜가 얼마나 크고 감사한 일인가?

이렇게 사용해 주시는 것만으로 감사하고 현재 자리에 있게 하신 것도 감사한데 박수받는 것이 옳은가? 죄인들이 하는 작은 일이라도 하나님께 영광이 된다면 이십사 장로들처럼 면류관을 벗어서 드려도 부족한 일인데 예배 때마다 박수를 치게 한다. 하나님이 받아야 할 영광을 사람이 받는다.

이것은 큰 죄라고 생각하며, 마귀의 미혹이라고 생각한다. 현대교회는 이 잘못된 예배를 속히 고쳐서 하나님이 받으시는 예배로 드려야 한다.

「천사도 받지 않는 것을 사람이 받는다」

하나님께서 세상을 심판하시고 구원받을 사람은 구원하시는 것을 보고, 사도 요한이 이 모든 것을 미리 알려 준 천사에게 감사하는 마음으로 경배하려고 하였다. 그랬더니 천사가 '자신은 종이니 그리하지 말고 오직 하나님께 경배하라'고 하였다. 이렇게 하는 것이 옳은 자세다.

(계 19:10) "내가 그 발 앞에 엎드려 경배하려 하니 그가 나에게 말하기를 나는 너와 및 예수의 증언을 받은 네 형제들과 같이 된 종이니 삼가 그리하지 말고 오직 하나님께 경배하라 예수의 증언은 예언의 영이라 하더라"

이렇게 천사도 경배를 받지 않고 하나님께 돌린다. 그런데 사람이 하나님을 경배하는 시간에 박수를 받고 온갖 칭찬을 하며 영광을 받게 하는 것을 하나님이 받으실지 생각해 보라.

그 자리에 있는 모든 사람은 죄인 중에 괴수이며 하나님을 믿고도 죄를 많이 짓고 있는 사람들이다. 그중에는 회개를 잘하여 하나님이 인정하는 사람도 있고, 마음이 화인 맞아 죄를 깨닫지도 못하고 계속 죄악을 행하여 하나님께 버림받은 사람도 있다. 그런데 누가 누구인지도 모르고 칭찬하고 박수받게 한다는 것은 잘못된 것이다.

죄인을 벌하지 않고 그 자리에 있게 하신 것도 감사한 일이므로 사람이 받지 않고 하나님께 영광을 돌려야 마땅하다. 죄인을 현재 사용해 주시는 것만 해도 감사한 일이다. 자기가 잘하는 것이 있다면 그것도 하나님이 주신 은혜다. 그럼 당연히 하나님께 감사와 영광을 돌려야 한다.

그런데 예배 시간에 칭찬과 박수를 받으며 좋아하고, 하나님을 예배한다고 하면서 사람이 영광 받는 자리로 만들어 버린다면 그 일을 주최한 사람은 큰 죄를 짓고 있는 것이다.

자신의 영혼이 살고 교회도 살리려면 하나님이 받으시는 예배를 드려야 한다.

「천사는 사람에게 경배를 받지 않는다」

천사가 경배받지 않는 두 번째 이야기다. 사도 요한은 무저갱과 천년왕국과 하늘나라를 보았고 앞으로 되어질 일도 보았다. 요한이 너무 감사하여 천사의 발 앞에 경배하려고 엎드렸더니, 천사가 '나는 종이니 그리하지 말고 하나님께 경배하라'고 말하였다.

요한계시록 19장 10절에서 만난 천사도 경배를 받지 않지만, 22장 8절에서 만난 천사도 경배를 받지 않고 하나님께 돌리라고 하였다.

(계 22:8-9) "[8] 이것들을 보고 들은 자는 나 요한이니 내가 듣고 볼 때에 이 일을 내게 보이던 천사의 발 앞에 경배하려고 엎드렸더니 [9] 그가 내게 말하기를 나는 너와 네 형제 선지자들과 또 이 두루마리의 말을 지키는 자들과 함께 된 종이니 그리하지 말고 하나님께 경배하라 하더라"

우리는 이것을 배워야 한다. 이것이 바른 종의 자세다. 우리는 천사에게서 배워야 한다. 우리는 천사보다 못한 죄인 중 괴수다. 세상에서 어떤 분야에 재능이 있어 잘한다고 하여 영광을 받으면 안 된다. 그 재능을 주신 하나님께 영광을 돌려야 한다.

어떤 분의 간증

OOO 기도원에 사모와 함께 기도하러 들어가서 예배에 참석하였는데, 강단에 있는 찬양단과 인도자의 머리가 뱀이고 몸은 사람이었다. 설교자도 똑같았다.

설교 후 은사 집회를 하는 중에 인도자가 방언으로 '랄랄랄랄' 하는 소리를 내자, 뱀의 혀가 길게 튀어나와 기도하는 사람들의 머리를 툭 쳤다. 그러자 그 사람이 무릎을 꿇고 앉아서 뛰는데, 50cm는 족히 뛰어올랐다. 그런 사람들이 생기기 시작하면서 방언하는 사람, 뛰는 사람, 쓰러지는 사람, 춤추는 사람, 뒹구는 사람, 손을 들어 올리고 흔드는 사람, 서서 뛰는 사람, 가슴을 치는 사람, 소리 지르는 사람 등 사방에서 난리가 났다.

나는 "하나님, 이것이 어찌 된 일인가요?"라고 여쭈었다. 하나님이 말씀하셨다.

"악령의 역사다."

"그럼 여기 있는 사람들이 모두 악령 든 사람입니까?"

"아니다. 성령 받은 사람은 내가 보호하고 있다."

이렇게 말씀하시며 하늘에서 빛이 내려와 구원받은 사람을 동그랗게 원으로 감싸고 있는 모습을 보여주셨다. 뱀의 혀가 그 빛을 뚫지 못했다. 이와 같은 하나님의 보호하심과 악령의 역사를 지켜보면서 악령의 역사가 어떻게 나타나는지를 배웠다.

강단 위에 있는 목회자의 머리도 뱀 대가리의 모습이었는데, 자신이 악령 받은 것을 모르고, 성령 받은 줄로 알고 있다. 그는 전혀 이러한 악령의 역사를 모르고 사람들에게 성령 받으라고 소리 질렀다. 시간이 지날수록 그 큰 예배당에서는 더 큰 소란이 벌어졌다.

그렇게 30분 정도 지났을 때, 하늘에서 음성이 들렸다. "멸망할 바벨론아, 멸망할지어다." 하며 그 예배당 아래의 땅이 크게 갈라지고 용암이 펄펄 끓는 곳으로 악령 받은 사람들이 떨어졌다. 그리고 그 위로 기도원도 무너지며 떨어졌다. 너무 무서워 그곳을 뛰쳐나와 밖으로 멀리 떨어져서 하나님께 기도했다.

"이곳은 유명한 기도원이고, 저분도 유명한 목사님인데 여기가 악령의 소굴이라니 믿어지지 않습니다. 그리고 무섭고 두렵습니다. 지금 보여주신 장면이 앞으로 일어날 일이라면 예수님을 보기 원합니다."

그때 정말 예수님이 나타나셨다. "보았느냐?"라고 하셨다. 그때가 낮 12시쯤이었다. 두 눈을 뜨고 있는데 나타나셨다. 예수님은 살아계신 하나님이시고, 우리의 구원자이시다.

예수님이 사라지시고 5분 정도 지났다.

'저 큰 기도원과 유명한 목사님이 악령의 사자란 말인가?'

의심이 생겼다. 그래서 다시 기도했다.

"주님! 요셉에게 꿈을 두 번씩 보여주셨습니다. 그러니 주님을 한 번 더 보여주시면 믿겠습니다."

그러자 즉시 예수님이 나타나셨다. 빛나는 흰색 옷을 입으셨고 그림 속의 예수님처럼 생기셨다. 그래서 "감사합니다. 하나님의 뜻대로만 목회하겠습니다. 인도해 주십시오."라고 기도하고 집사람과 여러 이야기를 하였다.

그렇게 5분 정도 지났는데 다시 의심이 생겼다. 이것이 마귀 역사라면 나는 큰 실수를 하는 것이다. 다시 한번 예수님이 나타나 주시길 기도했다. 그랬더니 세 번째 나타나셨다. 그리고 "도마는 한 번 보여주었는데도 믿었는데, 너는 두 번이나 보여주었는데 믿지 못하느냐?"라고 말씀하셨다. 나는 몹시 부끄러웠다. 그런 내게 예수님은 "내 손을 만져보라." 하시며 손을 내미셨다. 너무 믿음이 없는 것이 부끄럽고 죄송해서 만지지도 못하고 회개만 하였다. 예수님이 사라지시고 지금까지 보여주신 것을 믿기로 하였다.

그 후로 성령의 역사와 악령의 역사를 구분하게 되었고, 구원받은 자를 보호하시는 하나님을 믿게 되었고, 재림 때 심판하시는 것을 믿게 되었다. 악령 받은 사람은 모두 불속으로 떨어지는 것을 믿게 되었다.

이런 엄청난 일을 겪고 바로 집으로 가려 하는 그때, 날개 달린 천사가 나타났다. 나는 누구냐고 물었고, 천사는 "나는 가브리엘이라."라고 대답했다. 그리고 이어서 "하나님께서 너희에게 가서 소식을 전하라고 하여 왔다."라고 하였고, 나는 여러 가지 질문을 하고 답을 얻었다. 나는 천사에게 "가브리엘 천사여, 감사합니다."라고 인사를 하였다. 그랬더니 손사래를 치며 "나는 종이니 나에게 감사하지 말라. 오직 하나님께만 감사하라." 하며 받지 않았다.

요한계시록에도 두 번이나 천사가 같은 말을 하고 있다. 만약 악령이었다면 자기가 영광을 받고 즐거워했을 것이다. 악령이 받았으면 나는 죄를 지은 것이 된다. 그러면 나는 하나님께 벌을 받을 것이고 마귀는 좋아했을 것이다. 다행스럽게도 진짜 천사를 보내 주셔서 하나님께 감사드린다.

그때부터 나는 오직 하나님께만 감사하고 영광을 돌린다. 그리고 사람에게 영광 받지 않으려고 박수도 치지 못하게 하고 칭찬도 안 받는다. 스스로 낮아지고 섬기고, 하나님 앞에 정직하고 성실하게, 세상 욕심도 버리고 하나님을 사랑하고 이웃을 사랑하려고 노력한다.

여기에 기록한 간증은 모두 사실이다. 성도들의 신앙생활에 도움이 되기를 바라는 마음으로 기록한다.

마귀는 영광 받는 것을 좋아한다.

마귀와 악령은 하나님이 받으셔야 할 영광을 가로채 자기가 받는 것을 좋아한다. 그래서 이단 교주들은 하나님처럼 영광 받으려고 자신을 하나님이라 하고, 재림 예수라 하고, 성령 하나님이라 한다. 그들은 왕복과 왕관을 쓰고 왕처럼 특별한 마차를 타고 왕처럼 대접받고 영광을 받는다. 정말 웃기는 일이다.

그런데 교회 목회자들도 이와 비슷한 짓을 하고 있으면서 본인들은 모르고 있는 경우가 많다. 이런 사람들은 예배를 하나님께 드리지 않고 자신이 가로채서 영광을 받는다.

자신을 영의 아버지라고 속여서 받아먹고, 특별한 하나님의 사자라고 하여 받아먹는다. 이단과 다를 것이 무엇인가? 내가 보기에는 다를 것이 없는 것 같다.

예수님의 제자라면 예수님의 가르침을 따라야 한다.
예수님께서는 섬기러 왔다고 하셨다.
(마 20:28) "인자가 온 것은 섬김을 받으려 함이 아니라 도리어 섬기려 하고 자기 목숨을 많은 사람의 대속물로 주려 함이니라"
(눅 22:27) "앉아서 먹는 자가 크냐 섬기는 자가 크냐 앉아서 먹는 자가 아니냐 그러나 나는 섬기는 자로 너희 중에 있노라"
예수님은 우리에게 섬김의 본을 보여주셨다.

위로는 하나님을 섬기고 아래로는 사람을 섬기셨다. 예수님의 제자는 스승이신 예수님의 섬김을 배워 예수님처럼 하나님을 섬기고 옆으로는 이웃을 섬겨야 한다. 이것을 행할 때 진정한 예수님의 제자가 되는 것이다.

하나님을 섬기라는 말씀이다.
(눅 4:8) "예수께서 대답하여 이르시되 기록된 바 주 너의 하나님께 경배하고 다만 그를 섬기라 하였느니라"
(롬 12:11) "부지런하여 게으르지 말고 열심을 품고 주를 섬기라"

성도를 섬기라는 말씀 즉, 이웃을 섬기라는 말씀이다.
(마 20:26) "너희 중에는 그렇지 않아야 하나니 너희 중에 누구든지 크고자 하는 자는 너희를 섬기는 자가 되고"

(막 9:35) "예수께서 앉으사 열두 제자를 불러서 이르시되 누구든지 첫째가 되고자 하면 뭇 사람의 끝이 되며 뭇 사람을 섬기는 자가 되어야 하리라 하시고"

(막 10:43) "너희 중에는 그렇지 않을지니 너희 중에 누구든지 크고자 하는 자는 너희를 섬기는 자가 되고"

(롬 15:25) "그러나 이제는 내가 성도를 섬기는 일로 예루살렘에 가노니"

(고전 16:15) "형제들아 스데바나의 집은 곧 아가야의 첫 열매요 또 성도 섬기기로 작정한 줄을 너희가 아는지라 내가 너희를 권하노니"

(고후 9:1) "성도를 섬기는 일에 대하여는 내가 너희에게 쓸 필요가 없나니"

(엡 6:7) "기쁜 마음으로 섬기기를 주께 하듯 하고 사람들에게 하듯 하지 말라"

목회자는 하나님을 섬기고 이웃을 섬기는 본을 보여야 한다. 예수님이 우리에게 본을 보이신 것처럼 그렇게 살아야 한다. 그런데 섬기지는 않고 섬김을 받으려고만 한 것은 마귀에게 속은 것이다. 그러므로 큰 죄를 짓는 것이다. 그 죗값은 영벌 받을 죄다.

회개하고 이제라도 바로 잡아 예수님의 가르침 대로 살아야 한다.

칭찬받는 예수님의 제자가 되려면,
첫째로 자기를 부인하라.
둘째로 자기 사명을 짊어져라.
셋째로 예수님이 행하신 대로 섬기는 자가 되라.
넷째로 자신을 종의 자세로 낮추라.

다섯째로 자신을 희생하라.

여섯째로 아무것도 갖지 말라 즉, 욕심부리지 말라.

일곱째로 영광은 하나님께 돌려라.

이것을 깨닫고 행하는 제자는 영생을 얻고 하늘나라에서 큰 상을 받을 것이다.

제3장
예수님의 제자가 되는 성경 말씀

첫째로 자기를 부인하라

(마 16:24) "이에 예수께서 제자들에게 이르시되 누구든지 나를 따라오려거든 자기를 부인하고 자기 십자가를 지고 나를 따를 것이니라"

예수님의 제자가 되려면 철저하게 자기를 부인해야 한다. 이것은 세상 모든 것을 내려놓고 예수님의 가르침을 받아 살아야 한다는 말이다.

사도 바울은 예수님을 만나고 세상의 모든 것을 배설물로 여기고 버렸다고 말한다.

(빌 3:8) "또한 모든 것을 해로 여김은 내 주 그리스도 예수를 아는 지식이 가장 고상하기 때문이라 내가 그를 위하여 모든 것을 잃어버리고 배설물로 여김은 그리스도를 얻고"

예수님 만나고 세상의 학문도 철학도 버렸다고 말한다.

(갈 4:3) "이와 같이 우리도 어렸을 때에 이 세상의 초등학문 아래에 있어서 종 노릇 하였더니"

(갈 4:9) "이제는 너희가 하나님을 알 뿐 아니라 더욱이 하나님이 아신 바 되었거늘 어찌하여 다시 약하고 천박한 초등학문으로 돌아가서 다시 그들에게 종 노릇 하려 하느냐"

(골 2:8) "누가 철학과 헛된 속임수로 너희를 사로잡을까 주의하라 이것은 사람의 전통과 세상의 초등학문을 따름이요 그리스도를 따름이 아니니라"

(골 2:20) "너희가 세상의 초등학문에서 그리스도와 함께 죽었거든 어찌하여 세상에 사는 것과 같이 규례에 순종하느냐"

예수님을 만나면 자기는 없다. 오직 내 안에 예수 그리스도만 있을 뿐이다. 그러므로 철저히 나를 부인해야 한다. 그래야 참된 예수님의 제자가 된다.

(갈 2:20) "내가 그리스도와 함께 십자가에 못 박혔나니 그런즉 이제는 내가 사는 것이 아니요 오직 내 안에 그리스도께서 사시는 것이라 이제 내가 육체 가운데 사는 것은 나를 사랑하사 나를 위하여 자기 자신을 버리신 하나님의 아들을 믿는 믿음 안에서 사는 것이라"

베드로도 버렸다고 말한다.

(막 10:28) "베드로가 여짜와 이르되 보소서 우리가 모든 것을 버리고 주를 따랐나이다"

우리는 어떤가? 예수님의 제자가 되고 세상 것을 버렸는가? 아니면 세상 것을 더 얻으려고 욕심을 부렸는가? 자신을 돌아보고 심각하게 생각해 보아야 한다. 지금 회개하고 이제는 욕심을 버리고 예수님의 말과 행동을 배워야 한다.

둘째로 자기 사명을 짊어져라

(막 8:34) "무리와 제자들을 불러 이르시되 누구든지 나를 따라오려거든 자기를 부인하고 자기 십자가를 지고 나를 따를 것이니라"

예수님의 사명은 십자가를 지고 인류를 위하여 죽는 것이다. 그 일이 고통스럽고 멸시를 당하고 괴롭고 죽을지라도 짊어지고 죽어야 한다.

우리에게도 사명이 있다. 영적인 사명이다. 목회자는 하나님께서 우리에게 맡기신 영혼을 살리라고 주신 직책이다. 이 일을 위해서는 예수님처럼 고통스럽고 멸시당하고 괴롭고 죽을지라도 감당해야 한다. 이것이 예수님 제자의 길이다.

예수님이 죽으라고 하면 죽는 것이고 종이 되라고 하면 종이 되는 것이고 섬기라고 하면 섬기는 것이고 낮아지라고 하면 낮아지는 것이고 핍박받으라고 하면 핍박받는 것이다. 좋은 일, 행복한 일, 성공하는 일, 영광 받는 일이 아니라 복음 전하다가 죽는 일이다. 우리는 이 사명을 짊어지고 살려고 가는 것이 아니라 죽으려고 가는 것이다. 이것을 명심해야 한다. 그 후의 책임은 하나님이 지시고 보상도 하나님이 해주시는 것을 믿는다.

셋째로 예수님이 행하신 대로 섬기는 자가 되라

(눅 9:23) "또 무리에게 이르시되 아무든지 나를 따라오려거든 자기를 부인하고 날마다 제 십자가를 지고 나를 따를 것이니라"

'나를 따르라'는 말은 예수님처럼 행하라는 말씀이다. 예수님은 낮아져서 하나님을 섬기고 사람을 섬기셨다. 우리도 그렇게 해야 예수님을 따르는 것이다.

초대교회의 사도와 감독자들은 모두가 섬기는 모습으로 목회했다. 그 후 교부시대를 거쳐 교회시대로 가면서 성직자가 대접받고 영광을 받는 시대가 되었다. 경제가 발달하면서 교회도 크게 성장하고 그로 인해 사회에도 큰 영향을 미치면서 교회와 성직자들의 인지도가 높아졌다. 그러다 보니 직간접으로 세상의 높은 지위와 명예를 가진 사람과 자연스럽게 마주하며 동화되어 갔고, 성공과 명예와 같은 높은 것을 바라보고 사는 마음도 가지게 되었다.

이렇게 세상의 경제 성장과 교회 성장이 교회의 권위를 높이 올려놓았다. 그래서 성직자들이 섬기기도 하지만 영광 받는 것을 당연시하게 된 것이다.

그러나 예수님의 가르침은 섬기는 자가 되라는 것이다. 하나님을 섬기고 이웃을 섬기는 자가 되어 본을 보이는 마음으로 낮아지면, 예배 시간에 영광 받으려 하지 않고 낮아지고 섬기는 모습이 보일 것이며, 오직 하나님께만 영광을 돌리는 예배가 될 것이다.

넷째로 자신을 종의 자세로 낮추라

(마 23:12) "누구든지 자기를 높이는 자는 낮아지고 누구든지 자기를 낮추는 자는 높아지리라"

예수님은 말로만 낮아지신 것이 아니다. 실제로 하나님이 종인 사람의 모습으로 낮아지셨다.

(빌 2:8) "사람의 모양으로 나타나사 자기를 낮추시고 죽기까지 복종하셨으니 곧 십자가에 죽으심이라"

우리도 예수님처럼 종의 자세로 낮아져서 성도를 섬겨야 한다. 예수님은 우리가 이러한 제자가 되기를 바라신다. 그리고 오늘도 이런 제자를 찾으신다.

다섯째로 자신을 희생하라

(요 12:24) "내가 진실로 진실로 너희에게 이르노니 한 알의 밀이 땅에 떨어져 죽지 아니하면 한 알 그대로 있고 죽으면 많은 열매를 맺느니라"

예수님은 자신이 희생하여 인류를 구원하셨다. 그러므로 우리도 예수님처럼 항상 자기를 희생하려는 마음을 가져야 한다. 예수님이 가르쳐 주신 진리는 자기를 희생해야 많은 좋은 열매를 맺는다는 것이다.

목회자가 교회를 위해서 희생하고 성도를 위해서 희생해야 한다. 대접 받으려 하지 말고 항상 희생하여 도와주려고 해야 한다. 말로만 도와주는 것이 아니라 행동으로, 물질로 성도를 도와주어야 한다. 예수님의 가르침을 실천해 보면 예수님의 뜻을 알 수 있다. 해보지 않으면 영원히 예수님의 마음과 뜻을 알 수 없다.

자신을 희생하여 성도를 위해 기도하고 섬기고 도와주고 했을 때, 성도가 목회자를 신뢰하고 자기 목숨도 바쳐 섬기려고 한다. 가장 좋은 신뢰와 믿음의 관계가 생기는 것이다. 그것이 소문이 나면 사람들이 모여든다.

반대로 자신을 희생하지 않고 받으려고만 하는 목회자는 시간이 지나면 성도가 부담을 느끼고 관계가 깨져 결국은 떠난다.

여섯째로 아무것도 갖지 말라 즉, 욕심부리지 말라

예수님은 제자들에게 아무것도 갖지 말라고 하셨다. 예수님 말씀대로 살았는데 제자들이 굶어 죽지 않았다.

(마 10:10) "여행을 위하여 배낭이나 두 벌 옷이나 신이나 지팡이를 가지지 말라 이는 일꾼이 자기의 먹을 것 받는 것이 마땅함이라"

예수님은 제자들에게 아무것도 가지지 말라는 것을 가르치셨고 자신도 가지지 않으셨다. 인자는 머리 둘 곳도 없다고 말씀하셨다.

(마 8:20) "예수께서 이르시되 여우도 굴이 있고 공중의 새도 거처가 있으되 인자는 머리 둘 곳이 없다 하시더라"

그러나 예수님은 평안했고 행복하셨다. 그리고 부족함이 없으셨다. 예수님은 세상에 대해 한 가지도 욕심을 부리지 않으셨다. 집, 명예, 높은 자리, 성공, 부유함, 높은 학력, 존경받는 것, 여자 등 세상의 어떤 것 한 가지도 욕심부리지 않으셨다. 또 양식을 많이 쌓아놓지도 않으셨다.

요즘의 예수님 제자들은 이러한 예수님의 마음과 행동을 모르는 것 같다. 예수님과는 반대로 욕심을 많이 낸다. 좋은 집, 비싼 집, 부동산 투자, 사치하고 각종 명예를 좋아하여, 명함에 보면 직책이 열 가지 이상 된다. 교인이 많음을 자랑하고 부유함을 자랑하고 높은 학력을 자랑하고 세상 것을 자랑한다. 예수님의 가르침과는 반대된다. 이런 신앙으로는 하나님이 받으시는 예배를 드릴 수가 없다.

예수님이 제자들에게 말씀하신 것처럼 아무것도 욕심내지 않고 하나님께서 주시는 대로 살아야 한다. 그래야 예수님이 말씀하신 것이 진리임을 경험하게 된다.

(마 6:33) "그런즉 너희는 먼저 그의 나라와 그의 의를 구하라 그리하면 이 모든 것을 너희에게 더하시리라"

일곱째로 영광은 하나님께 돌려라

(마 6:13) "우리를 시험에 들게 하지 마시옵고 다만 악에서 구하시옵소서 (나라와 권세와 영광이 아버지께 영원히 있사옵나이다 아멘)"

예수님께서 '너희는 이렇게 기도하라'고 가르치시면서 마지막에 "나라와 권세와 영광이 아버지께 영원히 있사옵나이다."라고 하셨다. 이것은 모든 영광은 하나님께 돌리고 자신은 받지 말라는 말씀이다.

우리가 어떤 것을 성공시켰다고 해도 그것은 하나님이 하신 것이지 내가 한 것이 아니다. 불가능한 것을 가능하게 성공시킨 것도 내가 한 것이 아니고 하나님께서 하신 것이다. 그러므로 사람은 영광을 받으면 안 된다. 오직 하나님만 영광을 받으셔야 한다.

이것을 예수님께서 가르치신 것이다. 그런데 사람들은 자기가 한 줄 알고 영광 받으려 한다. 이것도 하나님이 보실 때는 죄다. 이런 사람은 세상에서 아무것도 이루어지지 않게 해야 자기의 무능함을 알게 될 것이다. 그래서 아무것도 안 되는 사람들이 많다.

이와 같은 것을 깨닫고 예수님의 말씀대로 행하는 제자는 영생을 얻고 하늘나라에서 큰 상을 받을 것이다. 땅에서 높아지고 영광 받기 좋아하는 자들은 바리새인과 서기관처럼 영벌 받는다.

천사도 하나님을 섬기는 자로 지음받았다.

첫째는 하나님을 섬긴다.
(마 4:11) "이에 마귀는 예수를 떠나고 천사들이 나아와서 수종드니라"
둘째는 구원받은 사람을 섬긴다.
(히 1:14) "모든 천사들은 섬기는 영으로서 구원 받을 상속자들을 위하여 섬기라고 보내심이 아니냐"

이런 말씀을 보면서, 목회자들은 스스로 높이지 말고 낮아져 섬기는 자가 되어야 예수님을 닮아가는 것이고, 하나님께 인정받는 종이 된다는 것을 알았으면 한다. 목회자는 하나님을 섬기고 성도를 섬기는 자가 되어야 한다. 그래야 예배 시간에 자기가 영광 받지 않고 하나님을 진심으로 경배하게 된다.

제4장
현대교회의 변질된 예배 내용

하나님의 이름으로 시작하면 무조건 하나님이 예배를 받으시는 줄로 잘못 알고 있다.
- 이취임식 예배
- 임직식 예배
- 생일 감사 예배(환갑, 진갑, 칠순, 팔순)
- 돌 감사 예배
- 장례 예배
- 주일 대 예배
- 주일 저녁 예배
- 수요 예배
- 금요 철야 예배
- 가정 심방 예배

이름은 하나님께 예배드린다고 해 놓고 사람들이 영광과 존귀를 받고 있다. 이런 문제를 누군가는 지적해야 할 것 같아서 예배에 관하여 기록하는 것이다.

예배에 대한 해석도 여러 가지이다. 전혀 성경 말씀과 맞지 않는 용어들을 사용하고 있다. 인터넷을 검색해 보면 금방 알 수 있다. 예배의 정의도 정확히 모르고 말하는 사람들이 하나님이 받으시는 예배를 드릴 수 있는가? 나는 없다고 생각한다.

하나님이 받지도 않으시는 예배라는 이름 하에 성도의 비위를 맞추고 육적으로 높여주고 띄워준다. 노래 부르고 춤추는 행사를 하여 사람을 모이게 해놓고 목회에 성공했다고 자랑한다. 이런 세상적인 방법으로 사람을 모이게 하고, 그 방법을 세미나를 개최해 다른 목회자에게 권장한다. 이런 사람은 성령 받지 못한 사람이다. 그리고 심판받는다.

(마 7:23) "그 때에 내가 그들에게 밝히 말하되 내가 너희를 도무지 알지 못하니 불법을 행하는 자들아 내게서 떠나가라 하리라"

이취임식 예배

현수막 제목부터 틀렸다. 'OOO 이취임식 감사 예배'라고 해야 한다. 어느 단체에서 '감사' 단어를 꼭 넣어야 한다고 했더니, 넣으나 안 넣으나 같은 의미라며 '감사'를 빼고 'OOO 위임식 예배'라고 하여 행사를 진행했다.

그리고 사회자부터 순서를 맡은 사람들이 하나같이 칭찬과 박수를 치게끔 유도하고 받았다. 퇴임하는 목사에게도 칭찬과 박수, 취임하는 목사에게도 칭찬과 박수, 광고 시간에 소개하는 모든 사람에게도 박수를 치라고 한다. 특송하는 사람도 박수받는다. 그곳에 하나님은 안 계시고 영광 받는 사람만 가득했다.

그 박수받는 사람 중에 몇 사람은 교인들에게 비난을 받고 있다. 어떤 목사는 돈 문제로 비난받고, 어떤 목사는 여자 문제로 비난받고, 어떤 목사는 인격의 문제로 비난받고 있다. 그런데 그곳에서는 모두 칭찬과 박수로 영광을 받는다. 이러니 교회가 썩었다고, 목회자가 잘못되었다고 하는 것이다. 그런 곳에서 하나님이 이취임식 예배를 받으셨을까? 분명하게 말하지만 아니다.

그곳에서 영광 받는 몇 사람은 영벌 받는 곳으로 간다. 그런데도 자신을 모른다. 이것이 얼마나 안타까운 일인지 모르겠다.

임직식 예배, 교회 입당·헌당 감사 예배

목사 임직 감사 예배, 장로·안수집사·권사 임직 감사 예배에 오는 목사들 중에 목사 가운을 입지 않고 박사 가운을 입고 오는 분들이 있다. 사실 이분들의 신앙이 의심스럽다. 정말로 하나님을 믿는 목사가 맞는가? 그렇다고 하면 교회 행사를 하는 곳에 목사 가운을 입고 와야 하지 않을까? 박사 가운은 학교나 외부 행사에 입고 가야지 왜 교회 예배에서 입고 있는가?

주일 대 예배에도 박사 가운을 입고 설교하는 분이 있다. 이렇게 자랑하려는 목회자, 잘난 체하려는 목회자, 칭찬받고 영광받으려 하는 목회자를 하나님이 받으실까?

이분은 교회를 하나님이 기뻐하시게 이끌고 있을까? 예배는 하나님이 받으시는 예배로 드릴 수가 있을까? 지금까지 내가 받은 응답으로는 아니다. 불쌍한 분들이다. 자기도 망하지만 성도들까지 망하게 하는 길로 인도한다.

그리고 또 한 가지, 임직식은 토요일에 해도 되는데 왜 주일에 하는가? 사람들이 많이 모이는 것이 하나님 말씀을 지키는 것보다 중요한가? 임직식을 하면서 박수 소리도 요란하다. 이것도 수정되어야 한다.

주일 대 예배

예배 시간을 정해놓았는데 10분에서 20분 늦게 드린다.

자기들이 하나님을 경배하겠다고 정해놓고, 성령 하나님은 이미 오셨는데 기다리라고 하는 모양새다. 말이 안 된다고 생각한다. 자신보다 높은 사람과 약속을 했으면 먼저 와서 기다리는 것이 예절이다. 그런데 우주의 창조자 하나님을 경배한다고 시간을 정해놓고는 사람들이 늦게 온다고 지연시킨다는 것은 하나님을 무시하는 태도다.

찬송가 대신 유행가를 부르는 교회도 있다. 이런 예배를 하나님이 받으실까? 이것은 정말 예배의 대상이 누구인지도 생각지 않는 무지한 행동이다. 하나님이 두렵지 않은가?

사회자의 잔소리

하나님을 예배하는데 사회자의 쓸데없는 잔소리가 너무 많다. 그냥 순서대로 진행만 하면 되는데 아는 체하고 잔소리하고, 예배가 아니라 어떤 잔칫집에서 사회를 보는 것 같다. 그 자리에 성령 하나님이 계신다고 말은 하는데 사회자는 전혀 하나님 눈치를 안 본다.

대표 기도

대표 기도자가 잘난 체하려고 많은 미사여구를 사용하며 기도한다. 정작 본인은 기도생활도 안 하면서, 대표 기도할 때 어떤 기도를 드리는 것인지도 모르고 아는 것이 많은 것처럼 기도한다.

잘못된 내용도 있다. 일주일 동안 실컷 죄 짓고 와서 대표기도는 '하나님, 세상에서 힘들게 살았으니 위로해 주시고 힘을 주시고 능력을 주옵소서.'라고 한다. 지은 죄를 회개하는 기도는 안 하고 위로만 받으려고 한다. 정말 한심스러운 기도라고 할 수밖에 없다.

묵상기도 후, 사회자의 성경구절 낭독

하나님을 경외하는 내용의 성경구절을 낭독해야 하는데 사람이 위로받는 구절을 하거나 아무 구절이나 한다. 예배가 무엇인지도 모른다.

특송하고 나면 박수

성가대나 특송자는 성도를 대표하여 하나님을 찬양하고 경배드리는 것이다. 그런데 왜 그들에게 박수를 쳐야 하는가? 그리고 특송 시간에 유행가 부르는 것, 반드시 수정해야 한다.

설교자에게 박수

설교자가 나오면 'OOO 님, 나오신다.'며 박수로 환영하자고 말한다. 설교가 끝나면 은혜받았다고, 아니면 수고했다고 박수치라고 한다. 영광을 받으실 분은 하나님 외에는 없다. 그런데 사람이 영광을 받고 있다. 사람이 하나님 자리에 앉아있다. 이것을 진정 모르는가?

예배 순서에 들어가 있는 광고

1부는 하나님을 경배하는 예배를 드리고, 2부에 광고해도 된다. 그런데 하나님을 경배하는 일도 아닌데 꼭 예배 순서에 넣어야 하는가? 광고를 예배 후로 하면 좋지 않겠는가?

담임목사가 예배 시간 순서에 없는 것을 이것저것 집어넣고, 노래하고 춤추고, 자기 자랑하고, 다른 사람을 띄어주고 박수치고, 마치 콘서트 때 사회 보는 것처럼 예배를 인도한다. 그런 것이 진정한 하나님을 경배하는 예배가 될까? 담임목사는 자기 맘대로 해도 된다는 것인가? 의구심을 갖게 한다.

그렇다면 예배를 하나님이 받지 않으시면 어떻게 되는가?
- 가인처럼 된다.
- 영벌 받는다.
- 하나님과 관계없는 종이 된다.
- 마귀의 종이다.
- 하나님께 큰 죄를 지은 것이다.
- 하나님의 이름을 거룩하게 하지 않았고, 망령되게 하였다.

  (레 11:45) "나는 너희의 하나님이 되려고 너희를 애굽 땅에서 인도하여 낸 여호와라 내가 거룩하니 너희도 거룩할지어다"

  (신 5:11) "너는 네 하나님 여호와의 이름을 망령되이 일컫지 말라 나 여호와는 내 이름을 망령되이 일컫는 자를 죄 없는 줄로 인정하지 아니하리라"

제5장
하나님께서 받으시는 예배

1) 오직 하나님께만 영광을 돌리고 경배하는 예배다. 계시록에서 천사들이 드리는 예배와 같은 예배다

   (계 4:9-11) "[9] 그 생물들이 보좌에 앉으사 세세토록 살아 계시는 이에게 영광과 존귀와 감사를 돌릴 때에
   [10] 이십사 장로들이 보좌에 앉으신 이 앞에 엎드려 세세토록 살아 계시는 이에게 경배하고 자기의 관을 보좌 앞에 드리며 이르되
   [11] 우리 주 하나님이여 영광과 존귀와 권능을 받으시는 것이 합당하오니 주께서 만물을 지으신지라 만물이 주의 뜻대로 있었고 또 지으심을 받았나이다 하더라"

2) 영과 진리로 드리는 예배다

   (요 4:24) "하나님은 영이시니 예배하는 자가 영과 진리로 예배할지니라"

3) 산 제물로 드리는 영적 예배다

(롬 12:1) "그러므로 형제들아 내가 하나님의 모든 자비하심으로 너희를 권하노니 너희 몸을 하나님이 기뻐하시는 거룩한 산 제물로 드리라 이는 너희가 드릴 영적 예배니라"

4) 사람은 없고 오직 하나님만 높임 받으시고, 구원받은 감사하는 사람들이 하나님을 경외, 경배하는 예배다

(계 19:5) "보좌에서 음성이 나서 이르시되 하나님의 종들 곧 그를 경외하는 너희들아 작은 자나 큰 자나 다 우리 하나님께 찬송하라 하더라"

간증

하나님이 받으시는 예배가 있다. 사람은 사회자, 설교자, 기도자, 성가대, 일반성도, 그 누구라도 영광 받는 것이 없어야 한다. 그리고 죄인을 구원해 주신 은혜에 감사하여 하나님을 사랑하는 마음으로 경외, 경배하는 예배를 받으신다.

어떤 교회가 새 성전을 건축하고 입당 감사 예배를 드렸는데 예배가 끝나고 여러 사람의 간증이 나왔다.

첫 번째는 사모가 말하였다. 예배 시간에 하늘에서 수많은 천사가 내려와 함께 예배를 드렸는데, 그 모습이 장관이었다고 한다. 천사들이 예배 순서에 따라 같이 찬양 부르고, 말씀 듣고, 하나님께 감사와 영광을 돌렸다고 한다. 그리고 하나님의 음성이 들렸는데 '내가 기뻐하는 교회, 내가 사랑하는 종'이라고 말씀하셨다고 한다. 너무 감격하여 눈물로 예배를 드렸다고 말한다.

두 번째는 어떤 성도였는데, 예배 시간에 강단에 예수님이 오셔서 예배를 받으셨다고 한다.

세 번째 집사는 천사들이 내려와 함께 예배드리는 모습을 보았다고 한다.

네 번째 성도는 교회가 2,500석이라 빈자리가 있었는데, 천사가 가득 차게 앉아 예배드렸다고 한다.

하나님은 지금도 살아계셔서 성도들과 교회에 직접 역사하신다. 우리는 성경책 속의 하나님도 믿지만 지금 우리 곁에서 살아계신 하나님도 믿는다. 모든 교회가 이렇게 하나님께서 함께하시고 기쁘게 받으시는 교회가 되기를 소망한다.

제6장
예배의 변천

1) 모세 이전의 예배는 제단에서 제사를 드리는 것이었다

제단에 양을 잡아 올리고 하나님을 경배하는 제사를 드렸다.

(창 4:4) "아벨은 자기도 양의 첫 새끼와 그 기름으로 드렸더니 여호와께서 아벨과 그의 제물은 받으셨으나"

(창 8:20) "노아가 여호와께 제단을 쌓고 모든 정결한 짐승과 모든 정결한 새 중에서 제물을 취하여 번제로 제단에 드렸더니"

(창 12:7) "여호와께서 아브람에게 나타나 이르시되 내가 이 땅을 네 자손에게 주리라 하신지라 자기에게 나타나신 여호와께 그가 그 곳에서 제단을 쌓고"

2) 모세 이후에는 5대 제사를 드렸다

하나님이 모세에게 말씀하셨다. 이스라엘 백성은 번제, 소제, 화목제, 속죄제, 속건제를 드리라고 하셨다.

3) 예수님이 오셔서 영과 진리로 예배드리라고 하셨다

(요 4:20-24) "[20] 우리 조상들은 이 산에서 예배하였는데 당신들의 말은 예배할 곳이 예루살렘에 있다 하더이다
[21] 예수께서 이르시되 여자여 내 말을 믿으라 이 산에서도 말고 예루살렘에서도 말고 너희가 아버지께 예배할 때가 이르리라
[22] 너희는 알지 못하는 것을 예배하고 우리는 아는 것을 예배하노니 이는 구원이 유대인에게서 남이라
[23] 아버지께 참되게 예배하는 자들은 영과 진리로 예배할 때가 오나니 곧 이 때라 아버지께서는 자기에게 이렇게 예배하는 자들을 찾으시느니라
[24] 하나님은 영이시니 예배하는 자가 영과 진리로 예배할지니라"

4) 사도 바울이 몸으로 산 제사를 드리라고 했다

(롬 12:1) "그러므로 형제들아 내가 하나님의 모든 자비하심으로 너희를 권하노니 너희 몸을 하나님이 기뻐하시는 거룩한 산 제물로 드리라 이는 너희가 드릴 영적 예배니라"

제7장
신약시대 바른 예배

예수님의 가르침대로 영과 진리로 예배드려야 한다. 영적 예배를 드려야 한다는 의미다. 영적 예배는 자신의 몸을 하나님이 기뻐하시도록 살아있는 제물로 드리는 것이다.

구약시대에는 하나님께서 드리라고 하신 동물을 죽여 하나님께 드렸다. 이것은 본래 자신을 드려야 하는데 자신 대신 동물을 죽여 하나님께 드리게 한 것이다.

신약시대에는 자신의 몸을 하나님께 직접 드리는데, 자신을 산 제물로 예배 시간에 드리는 것이다.

(롬 12:1) "그러므로 형제들아 내가 하나님의 모든 자비하심으로 너희를 권하노니 너희 몸을 하나님이 기뻐하시는 거룩한 산 제물로 드리라 이는 너희가 드릴 영적 예배니라"

이러므로 예배 시간은 내 시간이 아니다. 하나님의 시간이고 내가 마음대로 할 수 없다. 오직 하나님이 받으시도록 예배를 드려야 한다. 그런데 예배 시간에 늦게 오고, 옆 사람과 떠들고, 아는 사람이 오면 인사하고 말하고, 핸드폰 보고, 멍때리고 앉아있고, 다른 생각을 하고, 왔다갔다 하고, 중간에 나가기도 한다. 이것은 하나님을 모독하는 행위요 큰 죄다.

'예배를 드린다', '예배를 본다', '예배한다' 어떤 말이 맞는가?

예배는 자신의 몸을 드리는 것이므로 '드린다'가 맞다.

'예배를 본다'는 것은 구경하러 온 것이다. 잘못 알고 있었다면 용어를 바꾸어 사용해야 한다.

'예배한다'는 틀린 말은 아니다. 하지만 하나님께 높임말을 사용하는 것이 좋다.

예배를 영어로 '워십(worship)'이라고 한다.

한국에서는 예배 시간에 율동하거나 춤사위하는 것을 '워십'이라고 말한다. 이것은 잘못된 용어이다. 율동이나 춤사위는 '댄스(dance)'라고 해야 한다. 영어권에서는 '워십'이라고 하지 않고 '워십 댄스'라고 한다.

하나님 앞에 잘못된 것은 회개하고 고치면 용서받을 수 있다. 그러나 잘못된 줄 알면서도 고치지 않으면 계속 죄를 짓는 것이다. 어느 선이 넘으면 회개도 안 받아주신다.

제8장
바른 예배 순서

예배 순서는 중요하다.

하나님께 예배한다고 하면서 사람들이 박수받고 영광받는 예배로 변질되었다. 이렇게 되므로 하나님은 실망하고 마귀는 좋아하는 예배가 되었다. 마귀의 목적은 예배를 변질시켜 하나님께서 등을 돌려 사람들에게 은혜를 주지 못하게 하는 것이다. 많은 교회가 책망받는 교회가 된 것은 마귀의 계획이다.

우리는 하나님께서 기쁘게 받으시는 예배를 드려야 한다. 먼저 예배 순서를 다시 수정하여 예배 시간에는 사람이 받는 것을 없애야 한다. 하나님만 받으시는 예배 순서로 정하여 드려야 한다.

그렇게 하려면 예배 시간에 사람에게 손뼉 치지 말고, 광고도 예배 후로 하면 된다. 어려운 일도 아니다. 매우 쉬운 일이다.

우리 교회는 다음 순서지처럼 예배드린다. 참고하면 좋겠다.

예배 전 찬송
경 건 의 시 간 .... 주   악
묵 상 기 도 .... 다   같   이
기   원 .... 사회자 .... 다   같   이
찬   송 .... 하늘의 문을 여소서 .... 다   같   이
교 독 문 .... 72번(이사야58장) .... 다   같   이
참 회 기 도 .... 다   같   이
신 앙 고 백 .... 사도신경 .... 다   같   이
찬   송 .... 357장(통397장) .... 다   같   이
대 표 기 도 .... 담   당   자
성 경 봉 독 .... 열왕기상 11:29-38 .... 인   도   자
찬   양 .... 0000 성가대
말 씀 선 포 .... 불행한 사람 .... ○ ○ ○ 목사
결단의 기도 .... 다   같   이
헌 금 특 송 .... 주 예배하는 삶 .... ○   ○   ○
헌   금 .... 헌 금 위 원
봉 헌 기 도 .... 설   교   자
성 구 암 송 .... 다   같   이
찬   송 .... 주기도문송 .... 다   같   이
축   도 .... 설   교   자
폐 회 송 .... 성   가   대

2 부 순 서
치 유 기 도 .... 다   같   이
새신자 환영 .... 영접 기도 .... 다   같   이
교 회 소 식 .... 설   교   자
세상에 파송 .... 가서 제자 삼으라 .... 다   같   이

제 9 장
예배와 은혜

예배에 성공해야 하나님의 은혜를 받는다. 예배에 실패한 사람은 은혜를 받지 못한다. 내가 예배를 하나님이 받으시게 드려야 내 삶 속에 은혜를 주신다.

1) 예배에 성공한 사람에게 주시는 은혜
- 말씀을 깨닫게 하신다.
- 성령이 임하신다.
- 성령 충만을 주신다.
- 은사와 능력도 주신다.
- 정직한 마음과 성실함도 주신다.
- 하나님 사랑하는 마음과 이웃 사랑하는 마음도 주신다.
- 죄도 깨닫게 하신다.

- 회개의 영도 주신다.
- 죄도 사하여 주신다.
- 구원과 영생도 주신다.
- 상과 복도 주신다.
- 마음에 천국도 주시고 가정 천국도 주신다.

「성공하는 예배」
① 예배의 대상은 하나님이심을 알아야 한다.
② 자신의 믿음과 마음과 몸을 드리는 예배가 되어야 한다.
③ 미리 와서 준비하는 예배를 드려야 한다.
④ 지각하지 말아야 하고, 공식 예배에 빠지지 말아야 한다.
⑤ 단정한 복장과 바른 자세로 드려야 한다.
⑥ 예배를 방해하는 행동과 말을 해서는 안 된다.
⑦ 하나님을 높이고 경배하는 예배를 드려야 한다.

2) 예배에 실패한 사람에게 생기는 일

- 예배를 하나님이 받지 않으시면 악령이 역사한다.
- 이기적인 사람이 된다.
- 개인주의가 된다.
- 죄를 모른다.
- 성령이 임하지 않으신다.
- 성령 받은 사람에게서도 성령이 떠나신다.
- 교만해진다.
- 세상 욕심이 많다.

- 거짓을 많이 사용한다.
- 안 들키면 도둑질도 한다.
- 죄를 지어도 죄인 줄 모른다.
- 그래서 참된 회개가 안 된다.
- 사람들에게 비난과 비판을 받는다.
- 자기는 잘못이 없고 비판하는 사람들이 문제라고 말한다.
- 기도해도 응답받지 못한다.
- 인생 실패자가 된다.
- 가정이 항상 불행하다.
- 어려운 일이 계속 생긴다.
- 고난의 연속이다.
- 하나님을 믿어도 신앙이 성장하지 않는다.
- 항상 시험거리가 생긴다.
- 자주 넘어진다.
- 불만, 불평이 많이 생긴다.
- 짜증나는 인생이 된다.
- 가인처럼 저주받는 사람이 된다.
- 결국은 영벌 받아 지옥으로 간다.

예배가 이렇게 중요하다. 하나님을 믿는 사람에게 첫 번째로 중요한 것이 하나님을 경외하고 경배하는 일이다. 이것에 인정받아야 그다음 것을 은혜로 받는다. 예배에 실패하면 아무 은혜도 없고 저주받는다.

제10장
예배의 중요성

1) 예배는 하나님께 나아가는 길이다

사람이 하나님 앞에 나아가는 길이 두 가지 있다. 하나는 예배이다. 두 번째는 기도이다. 사람은 하나님 앞에 나아가야 은혜를 받는다. 하나님 앞에 나아가지 않으면 하나님의 선하심과 자비와 긍휼을 받지 못한다.

(창 22:9-12) "[9] 하나님이 그에게 지시하신 곳에 이른지라 이에 아브라함이 그곳에 단을 쌓고 나무를 벌여놓고 그 아들 이삭을 결박하여 단 나무 위에 놓고
[10] 손을 내밀어 칼을 잡고 그 아들을 잡으려 하더니
[11] 여호와의 사자가 하늘에서부터 그를 불러 가라사대 아브라함아 아브라함아 하시는지라 아브라함이 가로되 내가 여기 있나이다 하매
[12] 사자가 가라사대 그 아이에게 네 손을 대지 말라 아무 일도 그에게 하지 말라 네가 네 아들 네 독자라도 내게 아끼지 아니하였으니 내가 이제야 네가 하나님을 경외하는 줄을 아노라"

2) 예배는 하나님을 믿는 행위 중에 제일 중요하다

성도는 예배를 철저하게 드려야 한다. 예배를 어떻게 드리느냐에 따라서 하나님의 은혜가 달라진다. 예배를 합당하게 드리는 사람은 하나님께서 여러 가지 은혜를 주셔서, 하나님을 잘 섬기게 하고 복도 주신다. 그러나 예배를 대충 드리는 사람은 하나님을 오랫동안 믿어도 은혜를 받지 못하고 복도 받지 못한다. 하나님께 드리는 예배에 성공하느냐 실패하느냐에 따라 그 사람에게 임하는 은혜가 달라진다.

(창 8:20) "노아가 여호와를 위하여 단을 쌓고 모든 정결한 짐승 중에서와 모든 정결한 새 중에서 취하여 번제로 단에 드렸더니"

(창 12:7) "여호와께서 아브람에게 나타나 가라사대 내가 이 땅을 네 자손에게 주리라 하신지라 그가 자기에게 나타나신 여호와를 위하여 그곳에 단을 쌓고"

3) 예배의 중요성을 강조하시는 성경 말씀

첫 번째는 에덴에서 추방된 후에 첫 번째 말씀이 하나님께 제사를 드리는 이야기다.

하나님은 아담이 에덴에서 추방된 후, 첫 번째 중요한 사건으로 가인과 아벨의 제사 문제를 다루셨다. 이것은 하나님이 제사를 매우 중요하게 여기신다는 증거다.

(창 4:3-5) "[3] 세월이 지난 후에 가인은 땅의 소산으로 제물을 삼아 여호와께 드렸고 [4] 아벨은 자기도 양의 첫 새끼와 그 기름으로 드렸더니 여호와께서 아벨과 그 제물은 열납하셨으나 [5] 가인과 그 제물은 열납하지 아니하신지라 가인이 심히 분하여 안색이 변하니"

두 번째는 하나님은 모세와 레위기를 통하여 5대 제사를 드리라고 하셨다.
이것은 이스라엘 사람들에게 가장 중요한 일이다. 하나님은 5대 제사를 중요하게 여기신다는 것이다. 소제, 번제, 화목제, 속건제, 속죄제이다.
(레 7:37) "이는 번제와 소제와 속죄제와 속건제와 위임제와 화목제의 규례라"

세 번째는 예수님께서 예배를 신령과 진정으로 드리라고 말씀하셨다.
(요 4:23) "아버지께 참으로 예배하는 자들은 신령과 진정으로 예배할 때가 오나니 곧 이 때라 아버지께서는 이렇게 자기에게 예배하는 자들을 찾으시느니라"

네 번째는 바울이 하나님께는 산 제사를 드리라고 하였다.
(롬 12:1) "그러므로 형제들아 내가 하나님의 모든 자비하심으로 너희를 권하노니 너희 몸을 하나님이 기뻐하시는 거룩한 산 제사로 드리라 이는 너희의 드릴 영적 예배니라"

예배 간증

30년 전에 미국을 여행하면서 세계적으로 유명한 교회를 탐방하였다. 한국에서도 이름이 알려진 교회다. 너무 잘 지어져서 감동을 받았다. 그리고 기도했다.
"하나님. 저는 언제 이런 교회를 건축하여 하나님께 드릴 수 있을까요?"
그때. 예수님이 나타나셔서 말씀하셨다.
"종아, 부러워하지 말라. 나는 한 번도 이 교회에 들어와 본 적이 없다."
나는 깜짝 놀랄 수밖에 없었다. 세계적인 교회와 목사가 있는 교회인데 주님은 한 번도 들어가시지 않았다니, 설교 예화집에 나오는 이야기와 같았다.
한 흑인이 교회에 예배를 드리러 갔는데, 안내하는 백인이 여기는 백인만 예배드리므로 흑인은 들어갈 수 없다고 하여 못 들어가고 교회 밖에 서 있는데 예수님이 나타나셨다. 그리고 "슬퍼하지 마라. 나도 그 교회는 한 번도 들어가지 않았다."라고 말씀하셨다는 내용이다.

나는 예수님의 응답을 마음으로 받아들이고, 그 후, 한국에 와서 그런 교회가 있더라고 친구들에게 말하고 설교시간에도 전하였다. 그 교회는 긍정적 사고방식을 강조하는 교회였다. 교회는 믿음과 은혜를 강조해야 하는데, 긍정적 사고방식은 아니라고 생각했었다. 그리고 수십 년이 지났다.

어느 날, 국민일보에 기사 하나가 올라와 있었다. 긍정적 사고방식을 강조하던 그 교회가 부도나서 경매에 넘어가는데 몰몬교와 천주교가 입찰을 넣었다는 내용이었다. 참으로 안타까운 내용이었다.

이 같은 소식을 접했을 때, 주님이 한 번도 들어가지 않으셨다는 그 교회의 예배는 어떠했을까 두려운 마음으로 생각해 보게 된다.

교회를 맡아 운영하는 목회자들이 깊이 생각했으면 한다.

자신이 섬기는 교회에 하나님이 오시고 예배를 받으시는가?

예배의 순서가 하나님을 진심으로 경배하는 자리인가?

그렇지 않다면 즉시 고쳐야 할 것이다. 하나님이 받으시는 예배로 드려야 한다. 그렇게 하지 않으면 결국 마귀가 좋아하는 예배를 드리는 모양이 되고, 그런 교회는 하나님과 관계없게 되고 결국은 심판받는다.

예배 시간에 광고하는 것도 잘못된 것이다. 광고는 예배 후 2부 순서로 하면 되는데 하나님이 경배받으시는 시간의 순서에 왜 넣는 것인가? 그 광고를 하나님이 좋아하시는가? 광고가 하나님을 경배하는 일인가?

한국교회가 진심으로 정신 차리고 생각해 보았으면 한다. 하나님을 경외한다고 하면서 죄 짓는 일만 하고 있다. 이것이 마귀가 교회에 침투하여 만들어 놓은 덫이다. 이 중요한 것을 깨달고 고치면 살고, 안 고치면 영적으로 죽는다.

안타까운 마음에 말하는 것이니 모든 교회에 도움이 되었으면 한다.

제11장
여러 사람의 예배 정의

여러 학자와 목회자들이 예배의 정의를 말하였다. 이 중에는 맞는 말도 있고 틀린 말도 있다. 그런데 이해하기가 어렵다. 그래서 간단명료하게 말한 것이다.

1) 예배(禮拜, 문화어: 례배)는 문자적으로는 '예를 갖추어 절한다'라는 뜻으로, 종교에서 신앙의 대상에게 존경과 숭앙하는 마음을 표현하는 것을 말한다. 각 종교마다 예배의 구체적 의미와 형식은 차이를 보일 수 있다.

기독교에서는 예배(Worship) 또는 경배를 "하나님께 우리의 마음과 정신을 집중하고 다른 것을 구하지 않고 오직 하나님의 임재를 느끼는 것"이라고 하고 있다.

2) 개신교의 예배는 기독교인으로서 하나님을 경배하고 찬양하는 매우 중요한 의식 중 하나이다. 정기적으로 혹은 비정기적으로 행해지며, 가정예배 또는 기도 모임과 같은 특별한 경우가 아니라면 보통 목사나 전도사와 같은 성직자들의 인도 아래 교회에서 시행된다.

3) 그리스도교 예배는 예수 그리스도를 통한 하나님의 구원 행위에 대한 인간의 응답이며, 감사와 찬양이 그 핵심을 이루고 있다. 이 행위는 하나님과 그 백성 사이의 '대화'로 이해되기도 한다. 이때 사귐과 하나 됨의 측면이 강조된다. 인간은 예배 행위로써 하나님을 만난다. 그러나 이런 만남은 예수 그리스도의 중보와 인간의 회개를 통해서 일어난다. 외양으로는 말씀 선포와 성찬에 참여함으로써 이런 만남이 가능하지만, 실제로는 성령의 임재를 통해서만 가능해진다. 하나님을 만나는 일이 예배 행위의 알파요, 오메가이다. 이 만남의 신비는 물론 예수 그리스도의 성육신 때문에 가능하다. 인간의 노력보다는 하나님의 선행은총이나 주권적인 개입으로서만 가능하게 된다.

4) 예배가 무엇인지 많은 고민을 하면서 책을 찾아보았다. 그러나 지금까지 찾은 바로는 '예배는 하나님께 올려드리는 것'이라고 정의를 내린다. 그렇기에 반드시 하나님께 어떻게 영광되는 예배를 드릴지, 나아가 하나님께 영광된 삶을 살기 위해 노력해야 한다고 말한다.

5) 예배는 하나님과 그의 백성 사이의 만남이다. 이 만남에서 하나님은 자신을 계시하시고, 우리는 그에 대해 응답한다. 예배의 본질은 하나님을 인식하고, 그분의 위대하심을 인정하며, 우리의 전 존재를 드려 경배하는 것이다.

6) 영어의 'worship'은 'worth'(가치)와 'ship'(상태)의 합성어로, '가치 있는 분께 합당한 존경을 표하는 것'을 의미한다.
히브리어 '샤하'(shachah)는 '엎드리다', '절하다'라는 뜻으로, 하나님 앞에서의 겸손한 자세를 나타낸다.
헬라어 '프로스쿠네오'(proskuneo)는 '입맞추다'라는 의미로, 하나님에 대한 친밀한 사랑과 존경을 표현한다.

7) 예배(worship)라는 말은 앵글로색슨어인 'worth-ship'을 줄인 말이다. 이 말은 '가치를 어떠한 대상에게 돌린다'는 뜻이다. 예배는 '최상의 존재인 하나님께 표하는 경의'라고 할 수 있다.
즉 하나님께 존경, 경의, 찬양, 영광을 드리는 것이다. 성경에 사용된 예배에 대한 말들을 공부해 보면, 예배는 우리 예배자들의 내적인 마음의 태도(경외, 존경, 경탄, 사랑)와 외적인 행동(엎드림, 찬양과 기도, 섬김, 절함)이 합해져 있어야 한다.
한 말씀 더 하면, 예배는 예수님을 통하여 하나님을 만나고 하나님과 교제하는 것이라고 할 수 있다.

8) 예배의 정의는 최상의 존재인 주님께 꿇어 엎드려 존경과 경의와 찬양과 영광을 드리며 섬기는 것, 예배에 의해 영생이 정해진다.

이와 같이 많은 학자가 각각 다르게 예배의 정의를 말하고 있다.

제12장
한국교회는 개혁해야 한다

1) 신학교가 개혁되어야 한다.
2) 목회자가 개혁되어야 한다.
3) 예배가 개혁되어야 한다.
4) 교회 운영을 개혁해야 한다.

이 네 가지를 구체적으로 개혁하려는 내용이 있어야 한다. 부족하지만 여기에 기록해 보겠다.

1) 신학교가 개혁되어야 한다

① 신학교에는 성경 기준에 합당한 사람을 보내야 한다.
② 철저하게 신앙, 인격, 성경 말씀 실천 등을 테스트하여 점검한 후에 졸업시켜야 한다.
③ 실천신학을 중요하게 여기고 교육하여 실천하도록 해야 한다.
　신학교에서 여러 가지 학문을 배웠음에도 정작 목회 현장에서는 아

무엇도 사용할 수가 없다. 그래서 무엇을 시키면 못 하고, 오히려 사례비를 주면서 처음부터 가르쳐야 하는 실정이다. 이런 전도사들과 목회자들을 보면서 앞으로 한국교회가 안 될 수밖에 없다는 생각을 하게 된다.

2) 목회자가 개혁되어야 한다

① 목회자로서 자질을 갖추었는지 점검해야 한다.

자신의 부족함을 알면 공부하여 지력을 키우고, 영력이 부족하면 기도하여 성령의 능력을 받아야 한다. 자신을 개혁하는 것이 한국교회를 살리는 것이다.

현재 부교역자들을 보면 걱정이 된다. 목회자의 자질이 하나도 없다. '언제 가르쳐서 제대로 사역하게 할까?' 하는 생각이 든다. 목회자는 영력, 지력, 체력, 실력을 갖추어야 한다. 설교, 찬송 실력, 찬송 인도, 기도, 기도 인도, 상담, 심방, 지도력, 통솔력, 가르치는 실력, 충성, 헌신, 열심, 노력, 성령의 능력 등이 갖추어져 있어야 한다. 그런데 이런 사람을 찾기가 매우 어렵다. 배우는 속도도 늦다. 1년이면 배울 것을 5년은 걸리는 것 같다.

실력 있는 목회자로 거듭나는 길이 한국교회를 개혁하는 길이다. 이렇게 하지 않으면 한국교회의 미래는 없다.

② 살아계신 하나님을 만난 사람이 목회자가 되어야 한다.

목회자는 하나님의 종이요. 살아계신 하나님의 증인이다. 그런데 자신이 하나님을 만난 경험 없이 어떻게 하나님을 전할 수가 있을까 생각해 본다.

목회자는 성부 성자 성령 하나님의 증인이다. 그런데 하나님을 만난 경험이 없는 사람이 하나님의 종 역할을 한다는 것이다. 말이 안 된다. 그래서 예수님은 부활하셔서 제자들에게 성령을 받으라고 말씀하셨다.

(요 20:22) "이 말씀을 하시고 그들을 향하사 숨을 내쉬며 이르시되 성령을 받으라"

그리고 성령의 능력이 나타날 때까지 예루살렘을 떠나지 말고 기도하라고 하셨다.

(눅 24:49) "볼지어다 내가 내 아버지께서 약속하신 것을 너희에게 보내리니 너희는 위로부터 능력으로 입혀질 때까지 이 성에 머물라 하시니라"

그리고 성령의 능력이 임하면 내 증인이 되리라고 하셨다.

(행 1:8) "오직 성령이 너희에게 임하시면 너희가 권능을 받고 예루살렘과 온 유대와 사마리아와 땅 끝까지 이르러 내 증인이 되리라 하시니라"

초대교회 제자들과 목회자들은 이 원칙을 지켰다. 그래서 교회 책임자를 세울 때 성령 충만한 사람, 믿음이 충만한 사람, 지혜로운 사람, 칭찬받는 사람을 세웠다.

현대교회는 신학교만 나오면 목회자로 세운다. 하나님을 만나지 않았어도 공부만 많이 하면 목회자로 세운다. 그래서 학생들이 기도하여 성령의 능력을 받아 목회하려고 하지 않고, 공부 많이 하여 박사가 되어 목회하려고 한다. 그들은 책 속의 하나님을 전하고 이론적인 하나님을 전하며 교리적인 하나님을 전하다. 그들은 자기 신앙 문제나 인생 문제도 하나님께 해결받지 못한다. 그리고 하나님이 말씀하신 대로 살지도 못하고 세상 지도자처럼 산다.

이들은 자신이 하나님을 만나지 못했으므로 살아계신 하나님을 전하지 못하고, 알고 있는 지식을 전하므로 생명력 있는 복음을 전하지 못한다.

예수님의 말씀과 같다.

(마 15:14) "그냥 두라 그들은 맹인이 되어 맹인을 인도하는 자로다 만일 맹인이 맹인을 인도하면 둘이 다 구덩이에 빠지리라 하시니"

교회 개혁은 목회자들이 살아계신 하나님을 바르게 만나야 할 수 있다. 모세, 여호수아, 사무엘, 엘리야, 엘리사, 이사야, 예레미야, 마태, 누가, 베드로, 사도요한, 사도바울과 같이 바르게 만나서 전해야 생명력이 있는 것이다.

성령의 능력을 받아 바르게 사용하면 하나님께 영광이 되고, 구원받는 사람들의 수가 많아진다. 이러한 참된 종이 많아지는 것이 교회 개혁이다. 이런 사람이 나오지 않으면 과거 어느 시대를 보아도 교회 개혁은 없었다.

③ 목회자 안수는 하나님을 사랑하고 이웃을 사랑하는 것을 점검한 후에 주어야 한다.

이는 하나님을 만난 경험이 있어서 하나님을 사랑하여 마음과 목숨과 힘과 뜻을 다하여 하나님을 경외하는 섬김이 있어야 한다는 말이다.

또 이웃을 사랑하여 절대로 이웃에게 피해를 주지 않고 도움을 주고 섬기는 자라야 한다. 자신을 특별한 존재인 것처럼 생각하고 받으려 하고, 성도에게 피해를 주고 부담을 주는 사람에게는 목회자 안수를 주어서는 안 된다.

④ 목회자가 낮아지고 섬기고 기도하고 헌신하는지, 그리고 온유하고 겸손한 성품인지, 성령 하나님이 주신 능력은 받았는지 점검한 후에 부족하면 자신을 뜯어고치는 개혁이 있어야 하나님의 뜻을 이루어 드리고 훌륭한 목회자가 된다.

⑤ 목회자의 개혁 없이 교회 개혁은 없다. 목회자가 성경 말씀으로 개혁되면 교회도 개혁된다.

3) 예배가 개혁되어야 한다

하나님이 기쁘게 받으시는 예배를 드려야 한다. 그렇게 하려면 잘못된 예배를 없애야 한다.

· 묵도부터 수정하라. 하나님을 경배하는 성구로 시작하라.

· 찬송도 하나님을 경배하는 것으로 시작하라.

· 대표기도는 예수님이 가르쳐 주신 기도로 하라.
'위로해 주십시오. 축복해 주십시오.' 이런 기도 드리지 말자. 일주일 동안 하나님의 은혜로 살면서도 죄를 범한 사람이 자기 위로받자고 교회 나와 예배드리는 것이 아니다. 하나님의 은혜로 한 주간 살았으니 감사하여 경배하려고 예배드리러 오는 것이다.
일주일 동안 죄 짓고 와서 위로해 달라고, 축복해 달라고 하는 기도가 말이 된다고 생각하는가? 그 죗값만으로도 벌 받아야 하는데, 하나님께서 인내하고 기다려 주시는 은혜가 감사하지 않은가? 하나님이 기뻐하시는 기도를 드리기 바란다.

- 사도신경은 해도 된다.

  신약성경 모든 사도의 증거를 분석해 보니, 사도신경은 성부 하나님과 성자 예수님과 성령 하나님을 믿는다는 구체적인 내용이다. 이렇게 좋은 내용이니 우리도 신앙고백으로 사용하는 것이다.

  그런데 이단 중의 하나가 사도신경은 신약시대 신앙고백으로 사용하지 않았다고 하며, 사용하지 말라고 했다는 말을 들었다. 그 사람은 정말 공부하지 않은 사람이 맞다. 신앙고백이란 뜻도 모르는 것 같다. 사도신경을 못 하게 하고 자기를 성령으로 조작하여 소개하려고 하는 꼼수다.

- 설교에 세상 철학, 지식, 만담, 자기 생각을 말하지 말라.

  오직 하나님의 말씀을 바르게 해석하여 하나님 관점에서 전하라. 하나님의 말씀을 전한다고 하면서 자기 생각과 자신이 이만큼 많이 안다는 것을 전하거나 지식 자랑, 거짓 예화, 거짓 간증하지 말라. 성경을 창세기부터 요한계시록까지 연구하여 더하지도 말고 빼지도 말고 전하라. 정직하게 사실대로 전해야 한다.

  설교 잘못하면 하나님께 책망받거나 죄를 범하여 버림받을 수도 있다. 예수님 당시에 제사장, 서기관이 책망받고 버림받았다.

  자신은 하나님이 아니고 종이라는 것을 잊지 말라. 종은 주인이 시키는 것만 전하는 것이다. 목회자들이 종의 신분을 잊어버리고 주인 행세를 하다가 죄를 짓는다. 그러나 죄의 결과는 사망이다.

- 헌금도 성경대로 하라.

  성도를 속이거나 강제로 시키지 말고 성경대로 정확하게 가르치고 믿음으로 헌금 드리게 한다. 많은 성도가 헌금 때문에 시험에 든다. 성도가 믿음이 성장하면 헌금하지 말라고 해도 감사함으로 드린다.

- 축도

  축도 내용이 너무 과장된 느낌이 들지 않도록 해야 한다.

- 광고는 예배가 아니다.

  1부 예배 후에 2부 순서로 광고하라.

  2부 순서 때는 광고를 안 듣고 가는 사람이 많아서 예배 때 광고한다는 교회도 있다. 그런 사람들은 예배 시간에 광고를 해도 안 듣고 비판만 한다. 교회에 아무런 유익이 없다. 또한 광고 듣는다고 믿음이 자라거나 생기는 것은 아니다. 그러므로 신경 쓰지 말고 하나님이 받으시는 예배를 드리려고 하라.

- 사회자는 예배 시간에 누구를 칭찬하는 것을 금지하라.

  박수치는 것도 금해라. 예배 시간에는 하나님 외에는 아무도 높아지거나 받아서는 안 된다. 오직 하나님께 영광 돌리는 말과 박수만 쳐라. 천사는 감사도 받지 않는다. 오직 하나님께만 감사하라고 말한다. 우리도 이것을 배워야 한다.

현재의 한국교회 예배는 이미 마귀에게 점령당했다. 이것을 신학자도, 목회자도 모르고 행하고 있다. 목사가 신부보다 더 높임을 받으려고 하고 또 받는 사람도 있다.

가톨릭 신부가 화려한 가운을 걸쳐 입고, 자신의 죄악은 숨기고 겉만 깨끗한 척하는 잘못된 것들을 보고 종교개혁을 했는데, 자기들이 다시 그 짓을 하고 있다. 이것을 보시는 하나님은 슬퍼하시고 마귀는 좋아할 것이다. 그러므로 바르게 수정해야 한다.

이런 것을 깨달았으면 예배 시간에 박사 가운 입고 예배 인도하지 말라. 하나님은 박사보다 낮아져서 섬기는 목사를 더 사랑하신다. 목사 가운 입는 것도 자신을 높이거나 하나님 앞에서 죄를 속이는 것 같지 않은가? 미국교회에서는 목사 가운을 입지 않고 예배를 인도하는 것을 보았다. 나도 성례식 때만 가운을 입고 나머지 때는 양복 차림으로 설교한다.

4) 교회 운영을 개혁해야 한다

교회를 운영하면서 목회자와 성도가 많이 부딪친다. 이것으로 인해 성도에게 시험이 오기도 하고 교회가 깨지는 불행한 일이 생기기도 한다. 이런 일을 사전에 예방하여 운영하는 것이 지혜다.

교회의 예산과 결산, 그리고 지출하는 과정이 투명하고 합리적이어야 한다. 그리고 하나님 보시기에 죄가 되지 않아야 한다. 헌금 유용이나 횡령으로 죄를 지으면 목회자든 성도든 하나님께 버림받을 수도 있다.

간증

교회에서 헌금을 관리하는 목사, 장로, 집사가 아무도 모르게 헌금을 횡령하거나 유용하는 사람들을 오랜 기간, 여러 교회에서 많이 보았다.

하나님께서 그들을 망하게 하시거나 큰 병에 걸려 고통스럽게 하시는 것을 보았고, 심지어 어떤 사람들은 그 가족까지도 벌 받고 영벌 받는 곳으로 간다는 응답을 받았다. 많은 사람이 지옥에 갔다. 돈 때문에 지옥 간 가룟 유다나 아나니아와 삽비라와 같이 된 것이다.

어떤 목회자는 교회의 돈을 이런저런 핑계를 대며 착복하였다. 그 사람에 대해서는 이렇게 말씀하셨다. "그가 내 이름을 이용하여 자기 욕심을 채웠다. 그는 내 종이 아니다."라고 하시며 지옥으로 가는 장면을 보여주셨다. 집사도 그런 사람이 있고, 장로도 그런 사람이 있다. 그들은 모두 망했다.

하나님은 참으로 두렵고 무섭다. 사랑으로 우리가 회개할 때까지 기다리시다가 어느 선을 넘으면 끊어버리신다.

당회도 지혜롭게 하나님의 뜻대로 운영해야 한다.

제직회도 지혜롭게 제직들이 시험들지 않도록 운영해야 한다.

교회의 여러 기관도 지혜롭게 운영해야 한다.

교회는 이런 것들을 하나님 입장에서 어떻게 보실지 생각하고, 성경적으로 운영하도록 개혁해야 한다. 내 뜻대로 하지 말고 하나님의 뜻대로 해야 한다.

제13장
경배와 찬양의 장단점

1) 장점

찬송 선곡을 잘 하여 부르면 하나님이 찬양받으시고 기뻐하신다.
찬송을 많이 부르면 자신의 영혼이 은혜를 받는다.
좋은 찬송가를 부르면 성령 하나님이 임재하신다.
좋은 찬송가를 부르면 마귀들이 떠나간다.
좋은 곡을 선정하여 부르면 성도들도 은혜받는다.

2) 단점

경배와 찬양이 들어와 한국교회를 쇠퇴하게 한 측면이 있다.
기도하는 한국교회가 찬양하는 교회로 바뀌었다. 경배와 찬양하는 교회가 갑자기 크게 성장하자, 많은 교회가 이런 찬양을 많이 하면 교회가 부흥한다고 믿고 찬양단을 모집해 운영했다.

그러면서 기도를 뒤로하고 찬양만을 많이 부르기 시작했다. 그 결과 교회에 영적인 힘이 없어지고 침체되고 시들어 갔다. 지금도 기도는 안 하고 찬양만 고집하는 교회들이 있다.

목회자도 기도 안 하고, 찬양단도 기도 안 하고, 성도도 기도하지 않는 교회가 많이 생겼다. 목회자가 기도를 안 하니 편하고 좋았다. 성도도 교회에서 기도 강조를 하지 않으니 편하고 좋았다. 그러나 영혼은 힘을 잃어 갔다. 교회에 성령의 역사가 줄어들고, 교회를 떠나는 사람은 있는데 들어오는 사람은 없다.

하나님이 기뻐하지 않는 복음송을 선곡하여 부르는 교회도 많아졌다. 찬양단에 젊은 청년들이 많다 보니 청년들이 좋아하는 곡을 선정했다. 장년들은 따라 부르기도 어렵고, 불러도 곡이 마음에 와닿지 않는다. 그래서 교회를 옮긴다. 또 찬양단원들의 믿음이 성장하지 못하고 찬양단을 들쑥날쑥 나온다. 그렇게 조금 하다가 그만둔다. 이런 교회는 망해 간다.

기도가 없는 교회는 망한다. 그래서 예수님이 '쉬지 말고 기도하라, 항상 기도하라, 시험에 들지 않게 기도하라, 기도하여 성령을 받으라, 기도로 깨어 있으라'고 하신 것이다.

찬양만 하고 기도하지 않는 교회로 바뀌면서 성령의 역사가 줄어들고 마귀 역사가 활발해진 것이다. 기도 안 하는 목회자, 기도 안 하는 부교역자, 기도 안 하는 성도, 기도 안 하는 청년, 기도 안 하는 찬양단이 되었다. 마귀의 간사한 계획과 미혹에 걸려든 것이다.

하늘나라에서 음악을 담당한 천사가 타락하여 마귀가 되었다. 마귀는 음악의 전문가이다. 그래서 음악을 이용하여 사람들을 타락시킨다. 지금 세상의 음악을 보라. 타락한 음악에 취하여 춤을 추고, 마약을 하고, 옷을 벗고, 성적인 타락으로 망가진 수많은 인간을 볼 수 있다. 마귀는 사람들이 음악을 들으며 음란한 짓을 하게 하고 그들을 추앙하게 하고 자기를 따라서 행하게 한다. 마귀는 음악을 이용하여 세상을 타락하게 하였다.

그 음악을 교회에까지 들어오게 하여 교회를 타락시키고 있다. 이것을 교회 지도자들은 깨달아야 한다. 교회는 찬송가를 선별하여 불러야 한다. 아무 곡이나 부르면 교인들이 은혜를 받지 못한다. 그리고 복음성가도 선별해서 사용해야 하고, 경배와 찬양도 기도 없이는 못 하게 해야 한다.

이러한 비밀을 알았으면 찬양하는 교회보다 기도하는 교회를 만들어야 한다. 그래서 예수님이 '내 집은 기도하는 집이라' 하신 것이다.

기도도 많이 하고 찬양도 많이 하는 교회는 살아 있고 성장한다. 두 가지를 많이 하게 하면 된다. 그러나 찬양보다는 기도를 많이 해야 성령 체험을 하고, 교회 일꾼도 많이 나오고, 사람의 영이 살고 하나님을 진실로 믿게 된다. 기도가 찬양보다 더 유익하다.

"십자가의 길은 사람을 살리는 길입니다."

기초반 양육교제

예수그리스도께서 가르쳐주신 **기도와 능력** 값 10,000원

주기도문을 단순히 암송하며 기도하는 것을 넘어 그 의미를 바로 알고 삶에 적용하여 기도하는 법을 배웁니다. 예수님이 가르쳐 주신 대로 기도하면 절대로 잘못된 기도는 하지 않게 됩니다. 또 놀라운 영적 경험을 하게 될 것입니다. 자신이 변화하는 것을 느끼게 되며, 치유의 역사가 일어나는 것을 느낄 것입니다.

기도학교 값 3,500원

인간이 고통을 당하는 이유를 성경을 통해 명확하게 알려주며 자신의 모습을 돌아보게 합니다.

초급반 양육교제

인간의 삶 (개정판) 값 5,000원

인간이 고통을 당하는 이유를 성경을 통해 명확하게 알려주며 자신의 모습을 돌아보게 합니다.

새가족학교 값 5,000원

교회에 나오는 새가족들이 궁금해하는 모든 내용들을 정리하여 그들의 궁금증을 해결해 주어 정착하도록 돕습니다. 기독교의 기본 교리를 전달합니다.

새로운 삶 (개정판) 값 5,000원

우리의 주인이 나에서 하나님으로 바뀌었다는 것과 새로운 삶은 자유하는 삶임을 배웁니다. 하나님을 알고 살아가는 삶이 새로운 삶임을 깨닫습니다.

전인치유학교 (성도용) 값 9,000원

어떻게 하면 하나님이 사람을 치료하는 것을 찾아볼까 하는 고민 중에 본 치유 프로그램이 만들어졌습니다. 인본적인 치유가 아니라 성경적인 치유를 전제로 만든 프로그램입니다. 영혼이 죄, 마음의 상처, 육체의 질병이 치료되면서 변화를 받게 됩니다.

제자의 삶 (개정판) 값 5,000원

예수님의 진정한 제자는 어떻게 살아야 하는가를 성경적으로 권면합니다. 그리스도의 제자로서 버려야 할 것과 취해야 할 것을 배우고 실천하면서 리더가 됩니다.

목자예비학교 값 4,500원

교회의 영적 장교인 리더가 되는 훈련을 합니다. 평신도 리더로서 사역할 수 있도록 모든 소그룹 인도 방법을 자세하게 가르쳐 줍니다.

축복의 삶 (개정판) 값 5,000원

하나님의 자녀로서 축복받는 삶이 무엇인가를 배우며 기쁨과 감사함으로 살아가게 합니다.

전도학교 (예수전도법) 값 7,000원

예수전도법을 통하여 불신자를 전도하는 모든 방법을 가르쳐 전도는 누구나 할 수 있다는 자신감을 갖게 합니다.

중급반 양육교제

교회생활　　　　값 5,000원
교회생활 속에서 잘못하는 것들을 찾아 바르게 고쳐 하나님이 원하는 복 받는 사람이 됩니다.

목자학교　　　　값 7,000원
하나님은 목자가 많이 세워지길 바라십니다. 그래서 하나님의 양들을 하나님의 말씀과 진리의 성령으로 인도하기를 원하십니다.

가정생활　　　　값 5,000원
이제는 교회가 가정문제를 해결해야 합니다. 하나님의 말씀으로 교양과 인격, 가족의 구성원으로서의 책임과 의무를 배웁니다.

전인성품치유학교　　　　값 7,000원
사람이 살아가면서 많이 부딪치는 중요한 문제들을 치유하는 내용을 다루었습니다.

헌신생활　　　　값 5,000원
자신이 몸을 바쳐 갚아도 부족한 죄인이라는 것을 알게 되었기에 살아 있는 동안 최선을 다해 헌신합니다.

지도자훈련학교　　　　값 5,000원
쉽게 교회에서 적용할 수 있는 훈련프로그램을 통하여 성도들이 복음을 전파하고 다른 성도를 양육하는 리더가 되게합니다.

복된생활　　　　값 5,000원
복 받을 일을 하고도 복을 받지 못하는 이유를 배워 저주받는 일을 버리고 복 받을 일만 하여 하나님께 복 받는 성도가 됩니다.

50일 소원기도모임　　　　값 5,000원
소원을 놓고 주기도문 순서에 맞춰 50일 동안 함께 기도하여 응답받습니다.

교회학교 양육교제

새가족학교 (교회학교)
값 4,500원

인간의 삶 (교회학교)
값 3,500원

새로운 삶 (교회학교)
값 3,500원

제자의 삶 (교회학교)
값 3,500원

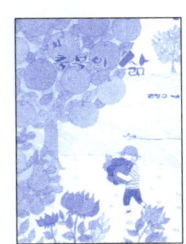
축복의 삶 (교회학교)
값 3,500원

"십자가의 길은 사람을 살리는 길입니다."

단행본

교회와 예배 개혁 값 15,000원
교회는 하나님을 경외하고 하나님의 뜻을 이루는 장소이다. 오직 거룩한 하나님을 높이고 경배하고 섬기는 장소이다. 이 책을 통해 하나님이 칭찬하시는 교회는 어떤 교회인지, 하나님이 받으시는 예배는 어떤 예배인지 알아본다.

당신은 성령받았습니까? 악령받았습니까? 값 15,000원
성령을 받으면 하나님께 인정도 받는 것이고, 영생을 얻어 천국에도 들어가게 된다. 그리고 성령이 충만하게 되면 마귀와 귀신의 방해도 쉽게 이긴다. 그리고 자신의 인생이 좋은 방향으로 바뀐다.

세계교회는 십자가의 길로 간다 값 8,000원
십자가의 길은 독자들에게 비전과 소망을 줄 것입니다. 목회의 목마름을 해갈해 줄 것입니다. 아울러 본 저서는 목회를 잘 해 보고자 하는 열심있는 목회자들과 목회에 지친 분들에게 새 힘을 불어넣는 좋은 책이 될 것입니다.

영혼의 찬양 값 5,500원
십자가선교센터에서 선정한 200곡의 주옥같은 찬양을 수록하였습니다.

교회건강검진 값 10,000원
건강한 교회와 성장하는 교회는 다른 시각으로 보아야 합니다. 건강하지 못해도 성장하는 교회가 있습니다. 이런 교회는 바람직하지 못합니다. 교회는 하나님 보시기에 건강해야 하고 또 성장해야 합니다. 그러기 위해서 검사 방법이 정확해야 합니다. 여기에 그 방법을 소개합니다.

유아세례 학습서 값 8,000원
아이들에게 있어 부모의 신앙은 매우 중요합니다. 그 이유는 아이들이 부모의 신앙을 그대로 배우기 때문입니다. 그러므로 유아 세례를 줄 때 부모를 더욱 철저하게 교육시킬 필요가 있습니다.

당신은 구원받았습니까? 값 10,000원
완벽한 구원론은 성경 안에 있다. 구약과 신약이 동일한 구원론을 말씀하고 있다. 하나님은 변함이 없으신 분이다.

요한계시록 값 15,000원
요한계시록을 쉽게 이해하라고 쓴 것입니다. 예수님의 재림을 인지하여 준비하라고 쓴 것입니다. 들림받지 못하는 성도들을 위해 대환란에서도 깨닫고 구원받는 길을 알려 주려고 쓴 것입니다. 이단들이 예수 그리스도의 재림과 심판을 악용하는 데에 속지 말라고 쓴 것입니다. 요한계시록을 잘못 해석하는 곳이 많아 바르게 분별하라고 쓴 것입니다.

폭발적 목장영적추수행사 값 3,500원
목장영적추수행사는 좀 더 체계적으로 훈련하여 성도의 생각을 바꾸고 생활 속에서 신앙적으로 전도 활동과 목장 집회를 갖도록 하는 획기적인 책입니다.
이 책이 제시하는 대로 시행한다면 누구든지 전도를 할 수 있으며 목장도 활성화되는 결과를 얻게 될 것입니다.

너희는 이렇게 기도하라 값 7,000원
하루를 여는 새벽시간에 개인적으로 읽고 묵상하며 경건의 시간을 갖도록 되어 있습니다. 교회에서 21일 특별 새벽기도회 기간에 활용하시면 큰 은혜의 시간이 될 것입니다.

목회자가반드시알아야할36가지(상)(하) 각 값 13,000
목회를 하면서 많은 시행착오를 겪었습니다. 누군가 코치를 해 주는 사람이 있었으면 좋았을 텐데 불행히도 없었습니다. 문제가 생길 때마다 좌절도 하고 낙심도 하였지만 다행히 하나님께서 해결해 주셔서 어려운 목회 문제를 풀 수 있었습니다. 그리고 많은 은혜를 주셨습니다. 이 책이 나와 같은 목회자들에게 도움이 되었으면 좋겠습니다.

52주 목장집회(1,2) 각 값 15,000
예배는 구원 받은 사람들이 하나님을 경외하는 것입니다. 집회는 사람들이 모여서 하나님의 은혜 받기를 사모하는 것입니다. 예배와 집회는 전혀 다른 성격을 띠고 있습니다. 목장집회는 하나님의 은혜를 받기 위한 특별한 모임입니다. 목장 집회의 중요한 리더 만들기와 기도 셀, 사랑의 실천, 불신자를 위한 모임 등을 실천하도록 하였습니다.

"신앙속에서 인성을 교육하다."

영성·인성 교육

탈무드와 명심보감의 장점을 모아 우리가 살아가는데 꼭 필요한 인성을 기르기 위해 알아야 할 내용을 오래 기억에 남는 방법을 사용하여 개인뿐만 아니라 가족 모두가 함께 변화할 수 있도록 돕습니다.

교인보감 1
(유년부)

값 10,000원

교인보감 2
(유년부)

값 10,000원

교인보감 3
(유년부)

값 10,000원

교인보감 1
(초등부)

값 10,000원

교인보감 2
(초등부)

값 10,000원

교인보감 3
(초등부)

값 10,000원

교인보감 1
(중등부)

값 10,000원

교인보감 2
(중등부)

값 10,000원

교인보감 3
(중등부)

값 10,000원

교인보감 1
(고등부)

값 10,000원

교인보감 2
(고등부)

값 10,000원

교인보감 3
(고등부)

값 10,000원

교인보감 1
(대학청년부)

값 10,000원

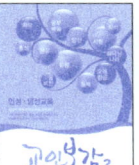
교인보감 2
(대학청년부)

값 10,000원

교인보감 3
(대학청년부)

값 10,000원

교인보감 1
(장년부)

값 12,000원

교인보감 2
(장년부)

값 12,000원

교인보감 3
(장년부)

값 12,000원

"너희는 이렇게 기도하라."

기도훈련집

예수님이 '너희는 이렇게 기도하라'고 가르쳐 주신 기도문은 암송만 하라고 주신 것이 아니라, 뜻을 깨닫고 기도하라고 주신 것입니다. 예수님이 가르쳐 주신대로 기도하면 영혼이 살아나고, 평안이 있고, 힘과 능력이 나타납니다. 그리고 많은 응답을 받고 치유와 기적이 나타납니다.

기도훈련집 (스프링)
값 9,000원

기도훈련집 (포켓용)
값 4,000원

Training Book for Powerful Prayer
(기도훈련집 영문판)
값 15,000원

기도훈련집 (유치,유년부)
값 9,000원

기도훈련집 (초등부)
값 7,000원

기도훈련집 (청소년)
값 8,000원

기도훈련집 (노년부)
값 9,000원

홈페이지 http://www.52ch.kr   02)2617-2044   010-5950-4109